Einführung Sportsponsoring

Andreas Bergmann

Einführung Sportsponsoring

Theorieüberblick und Praxiseinblick

Andreas Bergmann
Neubiberg, Deutschland

Das Skript wurde bereits als Lehrmaterial in Form eines Studienhefts an der Europäische Fernhochschule Hamburg GmbH, University of Applied Sciences, Hamburg veröffentlicht. Diese Skriptfassung darf nicht weiterverbreitet werden, sondern ausschließlich für persönliche/interne Lernzwecke verwendet werden.

ISBN 978-3-658-38577-4   ISBN 978-3-658-38578-1 (eBook)
https://doi.org/10.1007/978-3-658-38578-1

Die Deutsche Nationalbibliothek verzeichnet diese Publikation in der Deutschen Nationalbibliografie; detaillierte bibliografische Daten sind im Internet über http://dnb.d-nb.de abrufbar.

Springer Gabler
© Der/die Herausgeber bzw. der/die Autor(en), exklusiv lizenziert an Springer Fachmedien Wiesbaden GmbH, ein Teil von Springer Nature 2022
Das Werk einschließlich aller seiner Teile ist urheberrechtlich geschützt. Jede Verwertung, die nicht ausdrücklich vom Urheberrechtsgesetz zugelassen ist, bedarf der vorherigen Zustimmung des Verlags. Das gilt insbesondere für Vervielfältigungen, Bearbeitungen, Übersetzungen, Mikroverfilmungen und die Einspeicherung und Verarbeitung in elektronischen Systemen.
Die Wiedergabe von allgemein beschreibenden Bezeichnungen, Marken, Unternehmensnamen etc. in diesem Werk bedeutet nicht, dass diese frei durch jedermann benutzt werden dürfen. Die Berechtigung zur Benutzung unterliegt, auch ohne gesonderten Hinweis hierzu, den Regeln des Markenrechts. Die Rechte des jeweiligen Zeicheninhabers sind zu beachten.
Der Verlag, die Autoren und die Herausgeber gehen davon aus, dass die Angaben und Informationen in diesem Werk zum Zeitpunkt der Veröffentlichung vollständig und korrekt sind. Weder der Verlag, noch die Autoren oder die Herausgeber übernehmen, ausdrücklich oder implizit, Gewähr für den Inhalt des Werkes, etwaige Fehler oder Äußerungen. Der Verlag bleibt im Hinblick auf geografische Zuordnungen und Gebietsbezeichnungen in veröffentlichten Karten und Institutionsadressen neutral.

Planung/Lektorat: Vivien Bender
Springer Gabler ist ein Imprint der eingetragenen Gesellschaft Springer Fachmedien Wiesbaden GmbH und ist ein Teil von Springer Nature.
Die Anschrift der Gesellschaft ist: Abraham-Lincoln-Str. 46, 65189 Wiesbaden, Germany

Einleitung

Der Sport hat in unserer heutigen Gesellschaft einen hohen Stellenwert – nicht nur in Deutschland, sondern weltweit.

Dies kommt nicht von ungefähr, denn das Thema Sport ist sehr vielfältig und facettenreich:

Sport hat nicht nur integrative Wirkung, sondern spielt auch bei der Vermittlung von Werten wie Fairness, Gleichheit und Gemeinschaftssinn eine bedeutende Rolle. Nelson Mandela fasste die Kraft und Faszination des Sports einst wie folgt zusammen: *„Sport has the power to change the world. It has the power to inspire. It has the power to unite people in a way that little else does."* (Laureus, 2020; dt.: „Sport hat die Kraft, die Welt zu verändern. Sport hat die Kraft zu inspirieren und kann Menschen in einer Art und Weise vereinen wie sonst wenige andere Dinge").

Darüber hinaus wirkt sich das aktive Sporttreiben positiv auf die Gesundheit aus.

Doch vor allem die Spannung und emotionale Komponente des Sports sorgen dafür, dass sich Sponsoren in diesem Bereich engagieren und heutzutage allen voran aus dem Spitzen-, aber auch aus dem Freizeit- und Breitensport kaum mehr wegzudenken sind. Sponsoren sind mittlerweile in allen Sportarten und auf allen Leistungsebenen aktiv. Dabei sind es nicht nur die großen Konzerne und globale Marken, welche sich im Sport als Sponsoren engagieren, sondern auch eine Großzahl an kleinen und mittelständischen Unternehmen.

Die als Sportsponsoren agierenden Unternehmen verfolgen dabei in erster Linie spezifische Marketing- und Kommunikationsziele, wohingegen auf der anderen Seite der Gesponserte ein mittlerweile unabdingbares Finanzierungsinstrument in den Einnahmen aus dem Sponsoring sieht.

Das Thema Sponsoring besitzt somit in der Sportbranche eine große ökonomische Bedeutung – und das nicht nur für Sponsoren und Gesponserte, sondern auch für eine Vielzahl an weiteren Akteuren in diesem Bereich. Sponsoringprozesse müssen daher heutzutage professionell und mit entsprechendem Fachwissen angegangen und gemanagt werden.

Lassen Sie uns daher in diesem Lehrbuch die Grundlagen des Sportsponsorings beleuchten, dabei u. a. die besonderen Merkmale, Erscheinungsformen, Entwicklungen und Ziele des Sponsorings analysieren und auch das Management von Sportsponsoringprozessen näher betrachten, damit Sie dadurch ein wissenschaftliches Fundament und entsprechendes Know-how in diesem Bereich erlangen und schlussendlich in der Praxis erfolgreich anwenden können.

Viel Spaß und Erfolg bei der Bearbeitung des Lehrbuchs.

Inhaltsverzeichnis

1 Sponsoring 1
  1.1 Begriffliche Abgrenzung und Definition – Sponsoring
als Sonderform der Unternehmensförderung 1
      1.1.1 Das Mäzenatentum 3
      1.1.2 Das Spendenwesen 4
      1.1.3 Das Sponsoring 5
  1.2 Typen, Merkmale und Arten des Sponsorings 7
      1.2.1 Typologie im Sponsoring 7
      1.2.2 Merkmale des Sponsorings 10
      1.2.3 Arten des Sponsorings 12
      1.2.4 Entwicklung, Bedeutung und Vergleich der
Sponsoringarten 21
  1.3 Zusammenfassung 21
      1.3.1 Aufgaben zur Selbstüberprüfung 23

2 Sportsponsoring 25
  2.1 Begriffliche Abgrenzung, Bedeutung und Besonderheiten
des Sportsponsorings 26
  2.2 Entwicklung und ökonomische Bedeutung des Sportsponsorings 29
  2.3 Beteiligte Akteure im Sportsponsoring 45
  2.4 Motive und Ziele des Sportsponsorings 51
      2.4.1 Psychologische (nicht ökonomische)Sponsoringziele 52
      2.4.2 Ökonomische Sponsoringziele 54
      2.4.3 Sponsoringziele im Zeitverlauf 56
  2.5 Wirkungspotenziale des Sponsorings 58

	2.6	Dimensionen und Erscheinungsformen des Sportsponsorings..... 59
	2.7	Zusammenfassung.. 63
		2.7.1 Aufgaben zur Selbstüberprüfung..................... 64
3	**Sportsponsoring als Marketing- und Kommunikationsinstrument**.... 65
	3.1	Sponsoring als Sonderform des Sportmarketings............... 65
	3.2	Sportsponsoring als Teil der Marketingkommunikation.......... 68
		3.2.1 Klassische Kommunikationsinstrumente (Above the Line)................................ 71
		3.2.2 Nicht klassische Kommunikationsinstrumente (Below the Line)................................. 71
	3.3	Der Sponsoringmanagementprozess......................... 74
	3.4	Zusammenfassung.. 77
		3.4.1 Aufgaben zur Selbstüberprüfung..................... 78
4	**Schlussbetrachtung**.. 79

Anhang... 81

Glossar... 93

Literatur.. 97

Stichwortverzeichnis...103

Über den Autor

Andreas Bergmann ist Professor für Sportmanagement und Entrepreneurship an der Euro-FH.

Er absolvierte sein Studium der Betriebswirtschaftslehre an der Universität Regensburg mit Auslandsaufenthalten in den USA, Kanada, China und Australien, bevor er im Bereich Sportmanagement an der EBS Universität für Wirtschaft und Recht in Oestrich-Winkel promovierte.

In der Lehre und Forschung beschäftigt er sich schwerpunktmäßig mit der „Digitalisierung und Zukunft des Sports". Hierzu arbeitete er bereits am Institute for Sports, Business and Society (ISBS) an der EBS Universität sowie am Center for Sports and Management (CSM) der WHU Otto Beisheim School of Management und publizierte zahlreiche wissenschaftliche Artikel in diesem Themenfeld.

Darüber hinaus ist Andreas Bergmann im Bereich internationales Sportmarketing/-sponsoring bei einer Sportmanagement-Agentur in Kitzbühel und als geschäftsführender Gesellschafter einer Veranstaltungsfirma in der Berufspraxis tätig sowie als Berater, Gastdozent und Lehrbeauftragter im Bereich Sport- und Eventmanagement aktiv.

Abkürzungsverzeichnis

4P	Product, Price, Placement, Promotion
BBL	Basketball-Bundesliga
CSR	Corporate Social Responsibility
DACH	Deutschland, Österreich, Schweiz
DBB	Deutscher Basketball Bund
DEB	Deutscher Eishockey-Bund
DEL	Deutsche Eishockey Liga
DFB	Deutscher Fußball-Bund
DFL	Deutsche Fußball Liga
DHB	Deutscher Handballbund
DOSB	Deutscher Olympischer Sportbund
DSGV	Deutscher Sparkassen- und Giroverband
DTB	Deutscher Tennis Bund
EASM	European Association for Sport Management
ESA	European Sponsorship Association
FASPO	Fachverband für Sponsoring-Agenturen und Dienstleister e.V.
FIFA	Fédération Internationale de Football Association (Weltfußballverband)
FIS	Fédération Internationale de Ski (Skiweltverband)
HBL	Handball-Bundesliga
IOC	Internationales Olympisches Komitee
IPD	Initiative Profisport Deutschland
NOK	Nationales Olympisches Komitee
S20	Interessensgeschmeinschaft von Sponsoren/Sponsorenvereinigung in Deutschland

SMART	Akronym für Specific, Measureable, Achievable, Reasonable und Time-bound
UNHCR	United Nations High Commissioner for Refugees (UN-Flüchtlingskommissariat)
VSA	Vereinigung der Sportsponsoring-Anbieter e. V.
WWF	World Wide Fund For Nature

Sponsoring 1

Ziel dieses Kapitels ist es, eine grundlegende Einführung in die Sponsoringthematik zu geben. Nach Bearbeitung dieses Kapitels werden Sie in der Lage sein, den allgemeinen Begriff des Sponsorings näher zu definieren und ihn gegenüber anderen Formen der Unternehmensförderung wie etwa dem Mäzenatentum und dem Spendenwesen abzugrenzen. Darüber hinaus werden Sie sowohl Gemeinsamkeiten als auch Unterschiede dieser Erscheinungsformen kennenlernen und benennen können. Weitergehend werden Sie die wesentlichen Eigenschaften und Merkmale des Sponsorings erläutern sowie unterschiedliche Sponsoringtypen und -arten charakterisieren und abgrenzen können.

1.1 Begriffliche Abgrenzung und Definition – Sponsoring als Sonderform der Unternehmensförderung

Die Begriffe „Sponsor", „Sponsoring" oder „Sponsorship" sowie zahlreiche Abwandlungen dieser Wörter tauchen in unterschiedlichen Bereichen des alltäglichen Lebens auf. Oftmals werden diese Begrifflichkeiten im Zusammenhang mit Kunst, Kultur, Musik, aber auch allen voran im Sportkontext verwendet. So ist beispielsweise zu lesen, dass der Automobilhersteller Mercedes-Benz der Hauptsponsor des Tanzfestivals COLOURS in Berlin ist, dass das Softwareunternehmen SAP im Rahmen eines Sponsorings die Hamburger Elbphilharmonie unterstützt und die Telekom AG als Trikotsponsor des FC Bayern München agiert.

Doch was verstehen wir unter diesen Begriffen und Aktivitäten? Was bedeutet Sponsoring genau und welche definitorischen Merkmale und charakteristischen Eigenschaften verbergen sich aus wissenschaftlicher Sicht dahinter? Wie ist

© Der/die Autor(en), exklusiv lizenziert an Springer Fachmedien Wiesbaden GmbH, ein Teil von Springer Nature 2022
A. Bergmann, *Einführung Sportsponsoring*,
https://doi.org/10.1007/978-3-658-38578-1_1

Sponsoring zudem von weiteren Formen der Unternehmensförderung, wie etwa dem Mäzenatentum und dem Spendenwesen, abzugrenzen und welche Gemeinsamkeiten und Unterschiede bestehen dabei?

All diese Fragen und weitere Themen in diesem Kontext wollen wir in diesem Kapitel behandeln, um dadurch einen allgemeinen Überblick und ersten Einblick in das Thema Sponsoring zu erhalten.

> **Hinweis**
>
> Es erscheint sinnvoll, sich zuerst mit dem allgemeinen Begriff des Sponsorings, dessen Bedeutung, Herkunft und definitorischer Abgrenzung zu beschäftigen, bevor wir uns dem spezifischen Thema Sportsponsoring annähern.
>
> Eine detaillierte Betrachtung und Auseinandersetzung mit der Sonder- bzw. Spezialform des Sponsorings – nämlich dem Sportsponsoring – folgt sodann in ausführlicher Form in den nachfolgenden Kapiteln. ◄

Unter „sponsern" ist allgemein zu verstehen, dass man etwas finanziell, materiell oder durch gewisse anderweitige Leistungen unterstützt bzw. fördert. Die Förderung und Unterstützung von Kultur, des Sports oder des Sozialwesens durch Einzelpersonen, Stiftungen oder kommerzielle Unternehmen hat eine lange Tradition. Betrachtet man die historische Entwicklung dieser verschiedenen Formen der sogenannten **Unternehmensförderung**, dann lassen sich auf Basis diverser Kriterien drei grundlegende Arten identifizieren und unterscheiden, nämlich

- das **Mäzenatentum**,
- das **Spendenwesen** und
- das **Sponsoring**.

Zu Beginn ist daher eine eindeutige Abgrenzung und Unterscheidung des Sponsoringbegriffs von den anderweitigen Erscheinungsformen der Unternehmensförderung notwendig (Abb. 1.1).

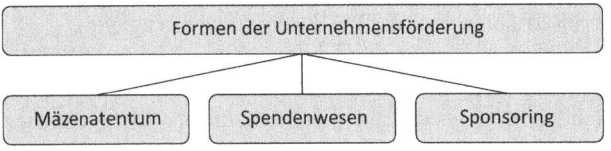

Abb. 1.1 Formen der Unternehmensförderung (in Anlehnung an Walzel & Schubert, 2018, S. 42 ff.)

1.1.1 Das Mäzenatentum

Der Begriff des **Mäzenatentums** hat eine lange Historie: Als Urvater der Förderung von Kunst und Kultur ist der Römer Gaius Cilnius Maecenas zu sehen, welcher in der Zeit von 70 bis 8 vor Christus lebte und als wohlhabender Berater des damaligen Kaisers Augustus arbeitete. Aus altruistischen Gründen, das heißt aus rein bzw. überwiegend selbstlosen, uneigennützigen Motiven, unterstützte und förderte er die drei Dichter Properz, Horaz und Vergil, damit sich diese ausschließlich ihrem literarischen Schaffen widmen konnten. Dabei erwartete und erhielt er keinerlei Gegenleistungen von den Dichtern. Durch sein altruistisches Handeln und Schaffen wurde er zum späteren Namensgeber des sogenannten Mäzenatentums (Bruhn, 2018, S. 2).

> **Definition 1.1**
>
> Unter Mäzenatentum versteht man die Förderung des Gemeinwesens durch Personen oder Organisationen aus rein altruistischen Motiven (Hermanns & Marwitz, 2008, S. 45). ◄

Als weiterer beispielhafter Mäzen – im Sportumfeld – wird der britische Adelige Lord Hesketh angesehen, welcher im Jahre 1975 dem Rennfahrer James Hunt kostenfrei und ohne jegliche Auflagen und Gegenleistung ein Formel-1-Auto zur Verfügung stellte, auf welchem weder ein Markenname ersichtlich noch daraus ein Bezug zu seiner Person herstellbar war. Seine alleinige Absicht bestand darin, einem jungen Talent eine sportliche Chance zu geben. James Hunt konnte in diesem Rennwagen sein Talent beweisen und wurde damit ein Jahr später sogar Formel-1-Weltmeister (Benveniste & Piquet, 1988, S. 74; Walliser, 1995, S. 11).

Ein weiterer, heutzutage aktiver und bekannter Mäzen ist der SAP-Mitgründer Dietmar Hopp, der sich in verschiedenen Sportarten, u. a. zur Förderung des Nachwuchses im Golf, engagierte und vor allem im Bereich des Fußballs als Mäzen der TSG 1899 Hoffenheim Bekanntheit erlangte.

> **Übung 1.1**
>
> Welche weiteren Mäzene sind Ihnen neben Dietmar Hopp bekannt? Recherchieren Sie online und nennen Sie drei Beispiele. ◄

Neben reinen Privatpersonen fungieren oftmals auch Stiftungen als Mäzene aus der Selbstverpflichtung heraus, einen Teil ihres Vermögens im Sinne des

Allgemeinwohls und zur Förderung kultureller, künstlerischer, sportlicher oder sozialer Interessen einzusetzen und damit ihren Stiftungszweck aus den Erträgen des Stiftungsvermögens zu erfüllen.

Da sich im Falle eines klassischen Mäzenatentums oftmals keinerlei Rückschlüsse bzw. Zusammenhänge zwischen dem Geförderten und dem Namen der Person oder Organisation, welche als Mäzen agiert, ziehen lassen und ein Großteil der Aktivitäten in diesem Bereich oftmals nicht öffentlich bekannt ist, lässt sich der finanzielle Umfang des unternehmerischen Mäzenatentums in Deutschland und auch weltweit nur sehr schwer beziffern (Bruhn, 2018, S. 2).

Übung 1.2

Welche gemeinnützigen Stiftungen kennen Sie? Welches sind die zehn größten Stiftungen (bezogen auf das Eigenkapital/Stiftungsvermögen) in Deutschland? Verschaffen Sie sich einen Überblick und ein Gefühl für die Größenordnung der jeweiligen Stiftungsvermögen. ◄

1.1.2 Das Spendenwesen

Neben dem Mäzenatentum stellt das **Spendenwesen**, im angelsächsischen Raum auch **Corporate Giving** genannt, eine weitere Form der Unternehmensförderung dar. Hierbei stellen Unternehmen Finanz- und/oder Sachmittel bzw. Know-how oder Dienstleistungen im Bewusstsein ihrer sozialen Verantwortung als Beitrag zur Lösung gesellschaftlicher Herausforderung kostenfrei („Spende") zur Verfügung (Porter & Kramer, 2003; Mecking, 2010; Haibach, 2012). Hierbei spielen neben dem philanthropischen Aspekt auch oftmals steuerliche Gründe eine Rolle, wobei der Spendenempfänger als gemeinnützige Organisation anerkannt sein muss, damit die entsprechenden Ausgaben beim Spender steuerlich geltend gemacht werden können (Hermanns & Marwitz, 2008, S. 45). Nichtsdestotrotz überwiegen auch in dieser Form der Unternehmensförderung die altruistischen Motive. Oftmals finanzieren sich humanitäre Hilfsorganisationen, kulturelle Institutionen, Einrichtungen im Gesundheitswesen, teilweise auch Hochschulen sowie in Deutschland u. a. soziale und konfessionslose Vereinigungen wie etwa politische Parteien größtenteils durch Spendenzuwendungen (Bruhn, 2018, S. 3).

Im Jahr 2020 wurden in Deutschland rund 5,4 Milliarden Euro für wohltätige und karitative Zwecke gespendet, was einen Anstieg von 5,1 Prozent bzw. 260 Millionen Euro im Vergleich zum Vorjahr bedeutete (Deutscher Spendenrat, 2021). Laut dem Deutschen Spendenrat ist dies – trotz der Coronasituation – das zweithöchste Spendenniveau seit der Erhebung der Statistik im Jahr 2005. Lediglich im Jahr 2015 mit der Flüchtlingskrise und dem schweren Erdbeben in Nepal war das Spendenvolumen mit 5,5 Milliarden Euro noch etwas höher. Insgesamt wurden im Jahr 2020 rund 19 Millionen Spender (etwa 28,5 Prozent der relevanten Bevölkerung ab zehn Jahren) in Deutschland registriert. Die durchschnittliche Spendensumme (pro Einzelspende) liegt bei etwa 40 Euro und ist damit so hoch wie nie zuvor.

Die getätigten Spenden flossen dabei vor allem an gemeinnützige Organisationen oder Kirchen. 75,6 Prozent der Spenden gingen in die humanitäre Hilfe. Auf den Sportsektor entfielen dabei lediglich 1,4 Prozent aller Spenden (Deutscher Spendenrat, 2021).

1.1.3 Das Sponsoring

Die dritte Form der Unternehmensförderung stellt das **Sponsoring** dar. Im Gegensatz zu den anderen Arten, Mäzenatentum und Spendenwesen, erwarten hierbei Unternehmen – welche als Sponsoren auftreten und einem Gesponserten Leistungen zukommen lassen – im Gegenzug auch gewisse (Gegen-)Leistungen, welche oftmals bis ins letzte Detail vertraglich vereinbart und geregelt werden (Berndt, 2004; Bühler & Nufer, 2008). Diese Leistungen dienen insbesondere meist spezifischen **Marketing- und Kommunikationszielen** der sponsernden Unternehmen. Dies schließt jedoch nicht aus, dass mit einem Sponsoring (auch) gewisse Förderabsichten des Sponsors verbunden sein können. In der Regel handelt es sich jedoch primär um ein vertraglich festgelegtes Geschäft auf Gegenseitigkeit, welches zumeist unter massivem Einsatz weiterer Kommunikationsinstrumente, wie etwa flankierender Werbemaßnahmen oder Aktionen der Verkaufsförderung, öffentlich bekannt gemacht und aktiviert wird.

Der wesentliche Unterschied des Sponsorings zum Mäzenatentum und Spendenwesen besteht damit vor allem in der Eigenschaft der **Reziprozität**, d. h. dem zugesicherten Tausch bzw. Erhalt von gewissen (Gegen-)Leistungen und der expliziten, öffentlichen Bekanntgabe der eingegangenen Beziehung.

In den bisherigen Ausführungen wird somit deutlich, dass die Unterschiede in den einzelnen Formen der Unternehmensförderung vor allem auf die verschiedenen Motive der jeweiligen Förderung zurückgehen. Zudem stellen die unterschiedlichen Bedingungen, welche an die Vergabe von Fördermitteln durch Mäzene, Spender und Sponsoren geknüpft werden, ein wichtiges Unterscheidungskriterium dar. Anhand dieser und weiterer charakterisierender Merkmale sind in Tab. 1.1 die

Tab. 1.1 Merkmale der Unternehmensförderungsformen

Merkmale	AbbFORM DER UNTERNEHMENSFÖRDERUNG		
	Art der Förderung		
	Mäzenatentum	Spendenwesen	Sponsoring
Art des Geldgebers	Privatpersonen, Stiftungen	Privatpersonen, Unternehmen	Unternehmen
Motiv(e) der Förderung	Ausschließlich Fördermotive (altruistisch)	Fördermotiv dominant, eventuelle Steuervorteile (Gemeinnutz)	Fördermotiv und Erreichung von Kommunikationszielen (Eigennutz)
Zusammenarbeit mit Geförderten	Teilweise (über Förderbereiche)	Nein	Ja (Durchführung von Sponsorships)
Medienwirkung	Nein (eher privat)	Kaum	Ja (öffentlich)
Einsatz im Bereich Sport	Sehr selten	Selten	Dominat
Einsatz im Bereich Kultur	Dominant	Häufig	Häufig
Einsatz im sozialen/ökologischen Bereich	Häufig	Dominant	Häufig
Einsatz im Medienbereich	Nicht existent	Nicht existent	dominant
Entscheidungsträger im Unternehmen	Unternehmer	Finanzwesen, Geschäftsführung	Unternehmensleitung, Marketing, Kommunikation

in Anlehnung an Bruhn 2018, S. 25

jeweiligen Gemeinsamkeiten und Unterschiede der verschiedenen Unternehmensförderungsarten gegenübergestellt.

Basierend auf und unter Berücksichtigung dieser Unterscheidungsmerkmale wird der Begriff des Sponsorings somit wie folgt definiert:

Definition 1.2: Sponsoring

Sponsoring bedeutet die

- Analyse, Planung, Umsetzung und Kontrolle sämtlicher Aktivitäten,
- die mit der Bereitstellung von Geld, Sachmitteln, Dienstleistungen oder Know-how durch Unternehmen und Institutionen
- zur Förderung von Personen und/oder Organisationen in den Bereichen Sport, Kultur, Soziales, Umwelt und/oder Medien
- unter vertraglicher Regelung der Leistung des Sponsors und Gegenleistung des Gesponserten verbunden sind,
- um damit gleichzeitig Ziele der Marketing- und Unternehmenskommunikation zu erreichen (Bruhn, 2018, S. 5). ◄

Eine weiterführende Auseinandersetzung mit dem Sponsoringbegriff sowie den zugrunde liegenden theoretischen Ansätzen unterschiedlicher Definitionsweisen und eine wissenschaftliche Diskussion und Einordnung finden sich in den Ausführungen von Cotting (2000, S. 27 ff.).

Unter einem **Sponsorship** versteht man dementsprechend eine Konstellation, bei welcher sich ein Sponsor und Gesponserter dahingehend verständigen, in einem festgelegten Zeitraum ein konkretes Projekt unter vorab definierten Bedingungen gemeinsam durchzuführen (Bruhn, 2015, S. 428).

> **Hinweis**
>
> In Deutschland gilt darüber hinaus eine steuerrechtliche Definition des Sponsoringbegriffs. Das deutsche Bundesministerium der Finanzen definiert Sponsoring wie folgt:
> Unter Sponsoring wird (üblicherweise) die Gewährung von Geld oder geldwerten Vorteilen durch Unternehmen zur Förderung von Personen, Gruppen und/oder Organisationen in sportlichen, kulturellen, kirchlichen, wissenschaftlichen, sozialen, ökologischen oder ähnlich bedeutsamen gesellschaftspolitischen Bereichen verstanden, mit der regelmäßig auch eigene unternehmensbezogene Ziele der Werbung oder Öffentlichkeitsarbeit verfolgt werden. Leistungen eines Sponsors beruhen häufig auf einer vertraglichen Vereinbarung zwischen dem Sponsor und dem Empfänger der Leistungen (Sponsoring-Vertrag), in dem Art und Umfang der Leistungen des Sponsors und des Empfängers geregelt sind. (Bundesministerium der Finanzen [BMF], 1998) ◄

1.2 Typen, Merkmale und Arten des Sponsorings

1.2.1 Typologie im Sponsoring

Aufgrund der unterschiedlichen Ausprägungen des Sponsorings in der Praxis können innerhalb des Sponsorings wiederum verschiedenartig gelagerte **Sponsoringtypen** unterschieden werden. Basierend auf den unterschiedlichen Motiven der Sponsoren, den vielfältigen Einsatzmöglichkeiten und den heterogenen Nutzungsgraden des Sponsorings für die Marketing- und Unternehmenskommunikation lassen sich drei grundlegende Typen des Sponsorings unterscheiden (Bruhn, 2018, S. 7).

Typ 1: Uneigennütziges Sponsoring
Dieser Sponsoringtyp besitzt altruistische Züge und Ansätze. Das Geben steht hier im Vergleich zum Nehmen im Mittelpunkt der Aktivität. Dementsprechend wird in diesem Zusammenhang Öffentlichkeitsarbeit nur sehr zurückhaltend betrieben, sie wird jedoch – im Gegensatz zum Mäzenatentum – in gewissem Maße betrieben. Der Fördergedanke ist dabei oftmals in den Grundsätzen oder Leitlinien eines Unternehmens verankert, wobei das Sponsoring durch das Unternehmen selbst oder durch eine firmeneigene Stiftung durchgeführt wird. Vorrangig werden hierbei kulturelle, soziale und andere nicht kommerzielle Institutionen gefördert. Diese Art des Sponsorings wird als **uneigennütziges Sponsoring** bezeichnet.

Typ 2: Förderungsorientiertes Sponsoring
In vielen Sponsoringpartnerschaften – allen voran im Sozio-, Umwelt- und Kulturbereich, aber auch teilweise im Sport – spielt neben der zu erwartenden Gegenleistung des Gesponserten oftmals auch die ideelle Förderkomponente eine entscheidende Rolle. Dies ist im Sportsektor vorwiegend bei Sponsoringpartnerschaften im Breiten-, Jugend-, Nachwuchs- und Behindertensport der Fall. Diese Art des Sponsorings wird als **förderungsorientiertes Sponsoring** bezeichnet.

Beispiel 1.1

Die Sparkassen-Finanzgruppe als Deutschlands nicht staatlicher Sportförderer Nummer 1:
Die Sparkassen-Finanzgruppe setzt sich jährlich mit einer Gesamtsumme von rund 90 Millionen Euro für den Sport in Deutschland ein und ist damit seit Langem der größte nicht staatliche Sportförderer Deutschlands. Die Schwerpunkte des Sponsoringengagements liegen dabei neben dem Spitzensport insbesondere auf dem Breitensport, dem Behindertensport und in der Nachwuchsförderung, worauf mehr als 90 Prozent der Mittel entfallen, womit ca. 27,5 Millionen Vereinsmitglieder in Deutschland, d. h. vier von fünf Sportvereinen, von diesem Sponsoringengagement in (un-)mittelbarer Art und Weise profitieren.

Insbesondere in Kooperation mit dem Deutschen Olympischen Sportbund (DOSB) agiert die Sparkasse als Toppartner des „Team Deutschland", als nationaler Förderer des „Team Deutschland Paralympics" sowie im Rahmen der Kampagne „Sport für Alle" als offizieller Partner des „Deutschen Sportabzeichen".

Im Rahmen der letztgenannten Sponsoringaktivität wird insbesondere der ideelle Zweck verfolgt, Sport in der Gesamtgesellschaft nachhaltig zu verankern und jedermann näherzubringen. Die Sparkasse unterstützt dabei die jährliche Sportabzeichen-Tour in Deutschland bei der Organisation von Events, bei der Bereitstellung von Aktionsmodulen und der Aktivierung von Sportbotschaftern. Zudem prämiert die Sparkasse jedes Jahr die besten Engagements von Schulen und Vereinen rund um das Deutsche Sportabzeichen im Rahmen eines Wettbewerbs mit Preisen im Gesamtwert von 100.000 Euro pro Jahr.

Darüber hinaus unterstützt die Sparkassen-Finanzgruppe seit 1997 das Projekt „Eliteschulen des Sports" und verfolgt dabei das Ziel, jungen Talenten den Weg zu sportlichen Spitzenleistungen bei gleichzeitiger Erreichung qualifizierender Bildungsabschlüsse zu ermöglichen. Dabei steht die Vereinbarkeit von Sport und Ausbildung bzw. Studium im Mittelpunkt der Förderung und gewährleistet ebenfalls den zielgerichteten Ausbau von Trainings- und Wettkampfmaßnahmen für Schülerinnen und Schüler, wovon aktuell mehr als 11.500 Schülerinnen und Schüler in Deutschland profitieren. (DSGV, 2021) ◄

Wie im obigen Beispiel der Sponsoringaktivitäten der Sparkasse ersichtlich wird, kann im Bereich des Sponsorings – neben anderweitigen, kommerziellen Motiven – auch der Fördergedanke und Unterstützungsaspekt eine entscheidende Rolle bei der Auswahl und Ausgestaltung von Sponsoringpartnerschaften spielen. Auch das jahrzehntelange Engagement der Firma Kellogg Company im Bereich der Bewegungsförderung an Schulen mit dem Sponsoring des weltweit größten Schulsportwettbewerbs „Jugend trainiert für Olympia" kann hierbei als Sponsoringaktivität mit Förderabsicht, d. h. als förderungsorientiertes Sponsoring gesehen werden. Bei solchen Sponsorings wird dem Fördergedanken eine weitaus größere Bedeutung im Vergleich zur angestrebten kommunikativen Wirkung des Engagements beigemessen, wodurch eine Nennung als Sponsor oftmals nicht zwingend, aber erwünscht ist und die Partnerschaft lediglich durch subtile Public-Relations-Maßnahmen statt im Rahmen offensiver Werbekampagnen kommuniziert wird.

Übung 1.3

Welche Sponsoren sind die aktuellen Partner des Bundeswettbewerbs „Jugend trainiert für Olympia"? In welcher Funktion und mit welchen Mitteln unterstützen sie diese Initiative als förderungsorientierter Sponsoringpartner? ◄

Typ 3: Klassisches Sponsoring
Mit Blick auf den Spitzensport – allen voran im Fußball – spielt die Komponente der tatsächlichen bzw. ideellen Förderung eines professionellen Athleten, Vereins oder Verbandes dahingegen nur eine sehr untergeordnete bis vernachlässigbare

Rolle. Hierbei stellt vor allem der rein ökonomische bzw. kommunikative Gegenwert einer Sponsoringpartnerschaft das wichtigste Entscheidungskriterium für Unternehmen im Hinblick auf die Auswahl und den Eingang einer Sponsoringbeziehung dar. Diese Art des Sponsorings wird daher auch als „**klassisches Sponsoring**" bezeichnet. Ein charakteristisches Merkmal dieses Sponsoringtypus ist dabei die akribische Aushandlung und vertragliche Festlegung der jeweiligen Leistungen und Gegenleistungen, die systematische Planung und Umsetzung der Aktivitäten sowie die strategische Ausrichtung des Engagements. Doch nicht nur im Spitzensport, sondern auch in anderweitigen Bereichen der Kultur, z. B. im Musikbereich, ist dieser Sponsoringtyp v. a. im Zusammenhang mit Weltstars und renommierten Veranstaltungen zu finden.

> **Beispiel 1.2: Beispiele für klassische Sponsorings im Musikbereich**
>
> Der chinesische Starpianist Lang Lang wird u. a. von Sony, Audi und Adidas gesponsert und bietet diesen Marken als Gegenleistung Sichtbarkeit bei seinen Konzerten und Auftritten, tritt in Werbefilmen der Sponsoren auf und repräsentiert diese Unternehmen als Markenbotschafter in der Öffentlichkeit.
>
> Ein weiteres Beispiel ist die russische Opernsängerin Anna Netrebko, die als Aushängeschild für die Kosmetikmarke Schwarzkopf des Henkel-Konzerns agiert.
>
> Auch die Salzburger Festspiele werden u. a. durch Audi, Siemens und Rolex gesponsert. ◄

Die verschiedenen Sponsoringtypen werden anhand relevanter Kriterien und Bedeutungsdimensionen in Abb. 1.2 systematisch gegenübergestellt.

1.2.2 Merkmale des Sponsorings

Trotz der Existenz unterschiedlicher Intentionen, Ziele und Herangehensweisen im Bereich des Sponsorings haben sich in der Literatur sechs **konstitutive Merkmale des Sponsorings** herauskristallisiert, welche sämtliche Sponsoringaktivitäten gemein haben. Bruhn (2018, S. 5 ff.) fasst diese wie folgt zusammen:

1. **Prinzip der Leistung und Gegenleistung (Reziprozität)**
   Der Sponsor stellt seine Fördermittel in monetärer oder nicht monetärer Form mit der bewussten Erwartung und dem beabsichtigten Ziel zur Verfügung, vom Gesponserten eine gewisse Gegenleistung, wie etwa die Erlaubnis zur werbe-

1.2 Typen, Merkmale und Arten des Sponsorings

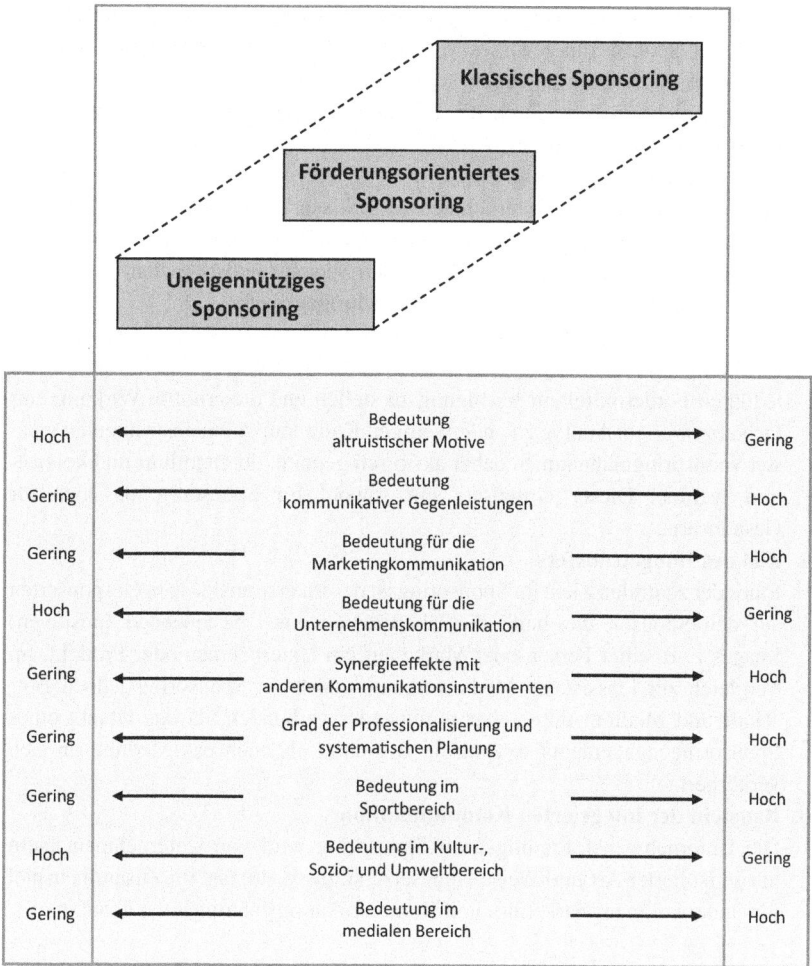

Abb. 1.2 Typologie des Sponsorings (in Anlehnung an Bruhn, 2018, S. 8)

wirksamen Verwendung des Marken- oder Firmennamens oder die kommunikative Nutzung des Sponsorships zu Marketingzwecken, zu erhalten.

2. **Ausdruck des Fördergedankens**
Sponsoring kann nicht mit dem reinen Kauf von Werbeflächen gegen Entgelt gleichgesetzt werden, da sich der Sponsor auch inhaltlich mit der Rolle des Gesponserten auseinandersetzt und sich mit seinen Aufgaben identifiziert. Da-

durch kommt der explizite Fördergedanke des Sponsorings zum Ausdruck, wodurch der Sponsor ein gewisses Maß an gesellschaftlichem Goodwill für sich und seine Aktivitäten erzeugen kann – sofern der wahrgenommene Fördergedanke nicht zu sehr durch die Betonung eigennütziger Zwecke verdrängt wird (Meenaghan & Shipley, 1999).

3. **Kommunikative Funktion**
Sponsoring erfüllt für Unternehmen in gewisser Weise eine kommunikative Funktion, die zumeist vom Gesponserten erschaffen, erbracht und über die Medien transportiert wird oder auch durch den Sponsor selbst geschaffen wird.

4. **Systematischer Planungs- und Entscheidungsprozess**
Einer Sponsoringaktivität liegen in der Regel systematische Planungs- und Entscheidungsprozesse zugrunde. Es ist nicht ausreichend, einem Gesponserten lediglich Fördermittel zur Verfügung zu stellen und die erhoffte Wirkung einfach abzuwarten. Analog zu anderweitigen Kommunikationsinstrumenten müssen Sponsoringmaßnahmen daher akribisch geplant, durchgeführt und kontrolliert werden. Dieser Grundsatz gilt sowohl für Sponsoren als auch für Gesponserte.

5. **Ziel des Imagetransfers**
Eines der zentralen Ziele im Sponsoring ist der Imagetransfer vom Gesponserten auf den Sponsor, das heißt die Übertragung eines bestehenden (positiven) Images z. B. einer Person oder Marke auf ein Unternehmen oder Produkt. Im Vergleich zur klassischen Mediawerbung sind beim Sponsoring jedoch Botschaft und Medium untrennbar miteinander verbunden, da das Objekt eines Sponsoringengagements sowohl die Botschaft als auch das Medium an sich verkörpert.

6. **Baustein der integrierten Kommunikation**
Die Unternehmensförderungsform Sponsoring wird von Unternehmen kaum nur in isolierter Art und Weise eingesetzt, sondern zumeist im Zusammenspiel mit anderweitigen Marketing- und Kommunikationsinstrumenten genutzt.

1.2.3 Arten des Sponsorings

Abhängig vom jeweiligen Feld, in dem das Sponsoringengagement stattfindet, werden unterschiedliche Arten des Sponsorings unterschieden.

▶ **Definition** In der Literatur werden üblicherweise sechs generische Sponsoringarten unterschieden (Nufer & Bühler, 2013, S. 266 ff.; Walzel & Schubert, 2018, S. 28 ff.):

1.2 Typen, Merkmale und Arten des Sponsorings

1. Kunst-/Kultursponsoring
2. Sozio-/Sozialsponsoring*
3. Umwelt-/Ökosponsoring*
4. Bildungs-/Wissenschaftssponsoring*
5. Programm-/Mediensponsoring
6. Sportsponsoring

*Diese drei Sponsoringarten werden auch unter dem Begriff „*Public-Sponsoring*" subsumiert.

Die sechs generischen Sponsoringarten im Überblick
Bevor wir uns näher mit den einzelnen Sponsoringarten befassen, wollen wir uns vorab näher mit der Rolle des Themas Sponsoring in Deutschland auseinandersetzen und auch einen Blick auf die finanziellen Größenordnungen werfen.

Haben Sie eine Vorstellung, welche Summen über alle Sponsoringarten hinweg in Deutschland investiert werden?

Das gesamte Sponsoringvolumen in Deutschland betrug im Vor-Corona-Jahr 2019 insgesamt 6,3 Milliarden Euro (Nielsen, 2021).

▶ Die Sponsoringart Sportsponsoring vereint dabei mit einem Anteil von 4,1 Milliarden Euro am Gesamt-Sponsoringvolumen von 6,3 Milliarden Euro im Jahr 2019 in Deutschland die annähernd doppelt so hohe Sponsoringsumme auf sich wie alle allen anderen Sponsoringarten (Kultur-, Sozio-, Öko- und Mediensponsoring) zusammen – mit einem Volumen von insgesamt 2,1 Milliarden Euro (Nielsen, 2021).

In Abb. 1.3 werden die Größenordnungen sowie die Entwicklung der gesamthaften Sponsoringinvestitionen in Deutschland visualisiert sowie das Verhältnis des Sportsponsoringsegments im Vergleich zu den anderweitigen Sponsoringfeldern dargestellt.

Dabei ist gesamthaft betrachtet in den letzten 20 Jahren ein kontinuierliches Wachstum erkennbar, wobei sich seit dem Jahr 2000 die in Deutschland investierte Summe im Sportsponsoring von 1,5 Milliarden Euro auf 3,8 Milliarden Euro mehr als verdoppelt hat. Der signifikante Einbruch der Sponsoringinvestitionen im Jahr 2020 ist auf die weltweite Coronapandemie zurückzuführen.

In den nachfolgenden Abschnitten werden wir nun die fünf generischen Sponsoringarten – die neben dem Sportsponsoring existieren – genauer kennenlernen und abgrenzen. Eine tiefergehende Auseinandersetzung mit der spezifischen

Abb. 1.3 Entwicklung der Sponsoringinvestitionen in Deutschland 2000–2020 (in Anlehnung an Nielsen, 2021)

Sponsoringart Sportsponsoring erfolgt dann in ausführlicher Art und Weise in den nachfolgenden Kap. 2 und 3.

Kunst-/Kultursponsoring
Kunst- und Kultursponsoring ist als Form des kulturellen Engagements von Unternehmen anzusehen, bei welcher die Förderung und Unterstützung von Künstlern, kulturellen Gruppierungen, Institutionen oder Projekten im Hinblick auf die Erreichung von Marketing- und Unternehmenskommunikationszielen angestrebt wird. Hierbei bieten sich unterschiedliche Kulturfelder und Wirkungsbereiche wie etwa die bildenden Künste, Museen, der Musiksektor, der Theaterbereich, die Literatur sowie der Designbereich, die Fotografie und die Filmpflege als mögliche Betätigungsfelder an (Bruhn, 2018; Hermanns & Marwitz, 2008; Nufer & Bühler, 2013). Insgesamt dominiert bei Unternehmen jedoch das Sponsoring von Festivals die Rangliste vor dem Engagement bei Kunstausstellungen und Museen, danach folgen weitere Sponsoringformen wie etwa die Unterstützung von Theatern, Opern und film- sowie literaturbezogener Aktivitäten (Nielsen, 2018a).

> **Beispiel 1.3**
>
> Als beispielhafte Kunst- bzw. Kultursponsorings können u. a. das SAP Sinfonieorchester, die Mobilitätspartnerschaft von Audi mit dem Filmfestival Ber-

1.2 Typen, Merkmale und Arten des Sponsorings

linale sowie die Unterstützung verschiedener Aufführungen der Dresdner Semperoper durch die Biermarke Radeberger genannt werden. ◄

In der Regel erfährt das Kunst- und Kultursponsoring, abgesehen von einzelnen Ausnahmen im Musikbereich, meist keine „massenmediale Multiplikation" (Hermanns & Marwitz, 2008, S. 92). Jedoch bietet das Kunst-/Kultursponsoring im Gegensatz zu anderen Sponsoringformen den Vorteil bzw. die Möglichkeit, dass im Rahmen ausgewählter Engagements häufig eine hochgebildete, vermögende Zielgruppe unmittelbar angesprochen werden kann, welche mittels klassischer Werbeformen (z. B. TV-Werbung) kaum bzw. nicht in diesem Ausmaß erreichbar wäre (Schwaiger, 2008, S. 113 ff.).

Übung 1.4

Lesen Sie zum Thema Kunst-/Kultursponsoring den nachfolgenden Artikel mit Blick auf die Erzeugung von Win-win-Situationen für die beteiligten Akteure (Dallach, 2007): https://www.spiegel.de/kultur/kulturspiegel/pop-sponsoring-win-win-situation-a-502216.html. ◄

Sozio-/Sozialsponsoring

Das Soziosponsoring zielt darauf ab, soziale und humanitäre Missstände und Herausforderungen in der Gesellschaft durch privatwirtschaftliche Unterstützung zu lösen. Unternehmen demonstrieren dadurch ebenfalls ihre gesellschafts- und sozialpolitische Verantwortung und versuchen durch kostenfreie Bereitstellung von Sach-/Finanzmitteln und/oder Dienstleistungen, psychologische und ökonomische Marketingziele zu erreichen (Mussler, 2008, S. 23). Sponsoringempfänger in diesem Bereich sind in der Regel karitative, wohltätige Organisationen wie etwa das Deutsche Rote Kreuz, die Deutsche Krebshilfe, das Technische Hilfswerk (THW) oder das Flüchtlingshilfswerk der Vereinten Nationen (UNHCR).

So trat beispielsweise auch der spanische Fußballclub FC Barcelona im Bereich des Soziosponsorings mit seinem jahrelangen Engagement für das Kinderhilfswerk UNICEF durch die unentgeltliche Zurverfügungstellung der Trikot-Sponsoringfläche in den Jahren 2006 bis 2011 (mit einem ökonomischen Gegenwert von mehreren Millionen Euro pro Saison) – in sonst unüblicher Rolle des Sponsors – in Erscheinung.

Als wichtigste Voraussetzung zur erfolgreichen Umsetzung eines Soziosponsoringengagements mit dem Zweck, auch gewisse kommunikative Unternehmensziele zu erreichen, wird die uneingeschränkte Glaubwürdigkeit des Sponsors gesehen, welche meist nur dann gegeben ist, wenn soziales Verhalten und hohe ethische Maßstäbe in der Unternehmenskultur des Sponsors verankert sind (Arnold & Kultschytzky, 1995). Aufgrund der oftmals mangelnden medialen Reichweite eines Soziosponsorings – welche meist nur mit massiven Kommunikationsmaßnahmen und gleichzeitiger Skepsis des Gesponserten ausgeglichen werden könnte – herrscht gegenüber dieser Sponsoringform häufig eine gewisse Zurückhaltung auf Unternehmensseite (Hermanns & Marwitz, 2008, S. 103 ff.).

Umwelt-/Ökosponsoring
Beim Umwelt- bzw. Ökosponsoring, welches neben dem Sozio- und Bildungssponsoring eine weitere Art des sogenannten **Public-Sponsorings** darstellt, stellen Unternehmen gewisse Förderungen in Form von Finanz- oder Sachmitteln und/oder Dienstleistungen für Einzelpersonen oder Organisationen, die sich dem Schutz der Umwelt verschrieben haben, zur Verfügung, um damit einen Beitrag zur Lösung ökologischer Probleme zu leisten.

Im Gegenzug für ihr Engagement erhoffen sie sich zumeist, neben der Erreichung von Marketing- oder Kommunikationszielen, vor allem auch positive Imageeffekte und (in-)direkte Wirkungen auf die Unternehmenskultur zu erzielen (Bruhn, 2018, S. 315 ff.).

Lange Zeit spielte diese Form des Sponsorings bei Unternehmen – insbesondere im Vergleich zum Sportsponsoring – eine untergeordnete Rolle, doch seit einigen Jahren gewinnt das Umweltsponsoring kontinuierlich an Bedeutung. Dies ist vor allem auf den rasant zunehmenden Stellenwert der Themenfelder Umweltschutz und Nachhaltigkeit in der Gesellschaft zurückzuführen. Darüber hinaus verankern auch Unternehmen vermehrt den „Corporate Social Responsibility"-Gedanken mit besonderem Blick auf Ökologie und Klimaschutz in ihren Visionen, Leitlinien und Strategien.

Im Segment des Public-Sponsorings steht mit Blick auf die Investitionssummen das Thema Ökosponsoring bei Unternehmen im deutschsprachigen Raum aktuell noch auf Rang drei hinter dem Wissenschafts- und Soziosponsoring (Nielsen, 2018a).

Umweltsponsorings werden dabei oft kritisch betrachtet. Denn weichen die Unternehmenskultur oder ökologischen Standards des Sponsors zu stark von den Charakteristiken der gesponserten (Umweltschutz-)Organisation ab, werden die mit dem Engagement erhofften bzw. verbundenen Zielsetzungen oftmals nicht erreicht. In solchen Fällen besteht zudem die Gefahr, dass aus dieser Aktivität sogar negative Auswirkungen hervorgehen und das Sponsoring bzw. das gesamte spon-

1.2 Typen, Merkmale und Arten des Sponsorings

sernde Unternehmen durch Medienvertreter oder die Öffentlichkeit als zweifelhaft und unglaubwürdig abgestempelt werden (Hermanns & Marwitz, 2008, S. 110 ff.).

Übung 1.5

Recherchieren Sie, was in diesem Zusammenhang unter dem Begriff „**Greenwashing**" zu verstehen ist, welche Kriterien hierfür durch Greenpeace definiert wurden, und überlegen bzw. nennen Sie dabei drei Unternehmenspraktiken, welche als klassische Greenwashing-Beispiele dienen. ◄

Beispiel 1.4

Als bekannte Beispiele für Umweltsponsorings dienen u. a. die Kooperation der Brauerei Krombacher mit dem WWF zum Erhalt und Schutz des Regenwalds sowie das WWF-Projekt zur Förderung einer ökologisch verträglichen Krabbenfischerei, welches vom Lebensmittelhändler EDEKA gesponsert wird. ◄

Bildungs-/Wissenschaftssponsoring

Im Rahmen eines Bildungs- bzw. Wissenschaftssponsorings unterstützen Sponsoren Bildungseinrichtungen und Institutionen aus der Wissenschaft und Forschung. Die Offenheit von Unternehmen gegenüber dieser Sponsoringart beruht oftmals darauf, dass hierbei insbesondere junge, attraktive Zielgruppen wie etwa Schülerinnen und Schüler sowie Studierende erreicht werden können. Trotz zahlreicher Kritikpunkte erfahren derartig gelagerte Engagements meist hohe gesellschaftliche Akzeptanz und werden in der Öffentlichkeit meist sehr positiv beurteilt. So engagieren sich mehr als die Hälfte der deutschen Unternehmen (53,8 Prozent) im Bereich des Bildungssponsorings auf unterschiedlichen Ebenen, wie etwa an Schulen, Hochschulen, Universitäten oder sonstigen Weiterbildungseinrichtungen (Bagusat, 2013, S. 12). Insbesondere dem Sponsoring von Hochschulen und Wissenschaftsprojekten stehen 60 Prozent der deutschen Unternehmen (sehr) aufgeschlossen gegenüber, da sie sich neben dem positiven Imagetransfer ebenso qualitativ hochwertige Kontaktmöglichkeiten zu potenziellen Mitarbeitern („Recruiting-Gedanke") versprechen (Repucom, 2015). Ausprägungsformen sind z. B. das Sponsoring von Lehrstühlen an Hochschulen, die Bereitstellung von (gebrandeten) Büchern und Lehrmaterialien oder die Finanzierung von Seminarräumen, Tagungen oder Konferenzen. So agiert z. B. der Kaffeeröster Jacobs als Sponsor und zugleich Namensgeber der Jacobs University in Bremen.

Programm-/Mediensponsoring
Beim Programm- bzw. Mediensponsoring tritt ein Unternehmen oder auch eine Marke als Präsentator eines Programmteils in den Medien auf. Diese Sponsoringart tritt seit Beginn der 1990er-Jahre vermehrt in Form des Programm- und Präsentationssponsorings im Fernsehen auf und hat sich seither auf eine Vielzahl anderer Medienarten ausgeweitet. So findet Programm- und Mediensponsoring heutzutage auch im Hörfunk, in Kinos, in Zeitungen und Zeitschriften, aber auch allen voran im Online- und Digitalbereich statt.

Üblicherweise werden dabei einzelne Programmteile, ausgewählte Inhalte, aber auch ganze Sendungen oder Übertragungen durch ein Unternehmen oder eine Marke gesponsert. Typischerweise finden sich dabei Formulierungen wie etwa „Der Sport im Morgenmagazin wird Ihnen präsentiert von …", „Das Topspiel des heutigen Spieltags wird Ihnen präsentiert von …" oder „Nehmen Sie teil am Kicktipp-Gewinnspiel, presented by …".

Übung 1.6

Welche Mediensponsoring-Partnerschaften sind Ihnen im Sportkontext bekannt? Überlegen oder recherchieren Sie und nennen Sie drei Beispiele aus der deutschen Medienlandschaft. ◄

Oftmals werden hierbei unmittelbar vor und nach dem jeweiligen Medieninhalt explizite Hinweise oder Trailer eingespielt, welche die Verbindung des Sponsors mit dem entsprechenden Programmteil aufzeigen. Das Mediensponsoring gewisser Elemente kann dabei, gerade im Print- und Onlinebereich, auch rein visuell, d. h. durch Platzierung oder Einblendung eines Logos erfolgen. Eine kritische Auseinandersetzung mit dieser Sponsoringform (u. a. im Sinne der Einordnung als Sonderwerbeform) findet u. a. in den Werken von Bruhn (2010), Overloop und Lemân (2008) und Hermanns und Marwitz (2008) statt.

Zur bedeutendsten Form des Mediensponsorings hat sich dabei laut der Grundlagenstudie Sponsor-Trend von Nielsen (2018a) das Internetsponsoring vor dem TV-Sponsoring im Free- und Pay-TV entwickelt und konnte damit seine Vormachtstellung in den letzten Jahren deutlich ausbauen. Gerade die zunehmende Reichweitengewinnung des Mediums Internet, die damit verbundenen interaktiven Möglichkeiten sowie mobile Nutzungsmuster steigern die Attraktivität für Sponsoren. Auch sehr deutlich fällt der Anstieg im Free-TV und Pay-TV aus, wenn man sich die Entwicklung in den letzten Jahren ansieht, während traditionelle Printmedien bei den Sponsoren deutlich an Attraktivität verlieren. Im Rahmen der Studie wurden Unternehmen und Agenturen aus der DACH-Region befragt, in wel-

1.2 Typen, Merkmale und Arten des Sponsorings

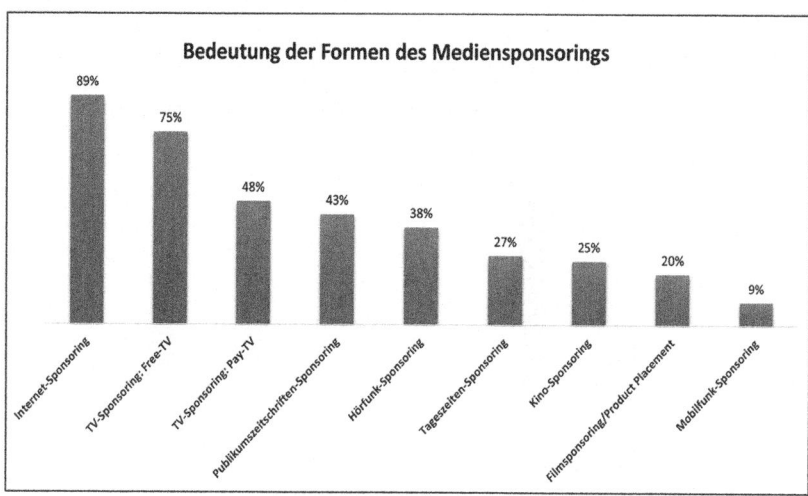

Abb. 1.4 Bedeutung der Formen des Mediensponsorings: Bereiche des Mediensponsorings, in denen Unternehmen aktiv sind (in Anlehnung an Nielsen, 2018a)

chen Bereichen des Mediensponsorings sie aktiv sind. Eine entsprechende Übersicht zur Bedeutung der jeweiligen Formen des Mediensponsorings im deutschsprachigen Raum finden Sie in Abb. 1.4.

Sportsponsoring
Wie bereits erwähnt, findet eine gesonderte und ausführliche Auseinandersetzung mit der Sponsoringform Sportsponsoring in den nachfolgenden Kapiteln statt. Jedoch kann an dieser Stelle bereits angemerkt werden, dass das Sportsponsoring eine der am häufigsten genutzten Sponsoringarten ist und einen Großteil der Sponsoringausgaben in Deutschland und weltweit auf sich vereint.

▶ Das Segment des Sportsponsorings in Deutschland umfasst im Jahr 2021 ein Gesamtvolumen von 3,8 Milliarden Euro und stellt mit einem Anteil von über 77 Prozent am gesamten Sponsoringvolumen (in Höhe von 4,9 Milliarden Euro) die mit Abstand bedeutendste Sponsoringart dar (Nielsen, 2021).

So zeigt auch das Ergebnis einer Befragung sponsoringengagierter Unternehmen im deutschsprachigen Raum (Nielsen 2018a), dass sich nahezu alle im Sponsoringbereich tätigen Unternehmen (99 Prozent) fast (auch) immer im Bereich des Sportsponsorings engagieren.

Dies schließt damit jedoch nicht aus, dass sich die befragten Unternehmen daneben ebenfalls in den anderweitigen Bereichen des Sponsoringsektors wie etwa

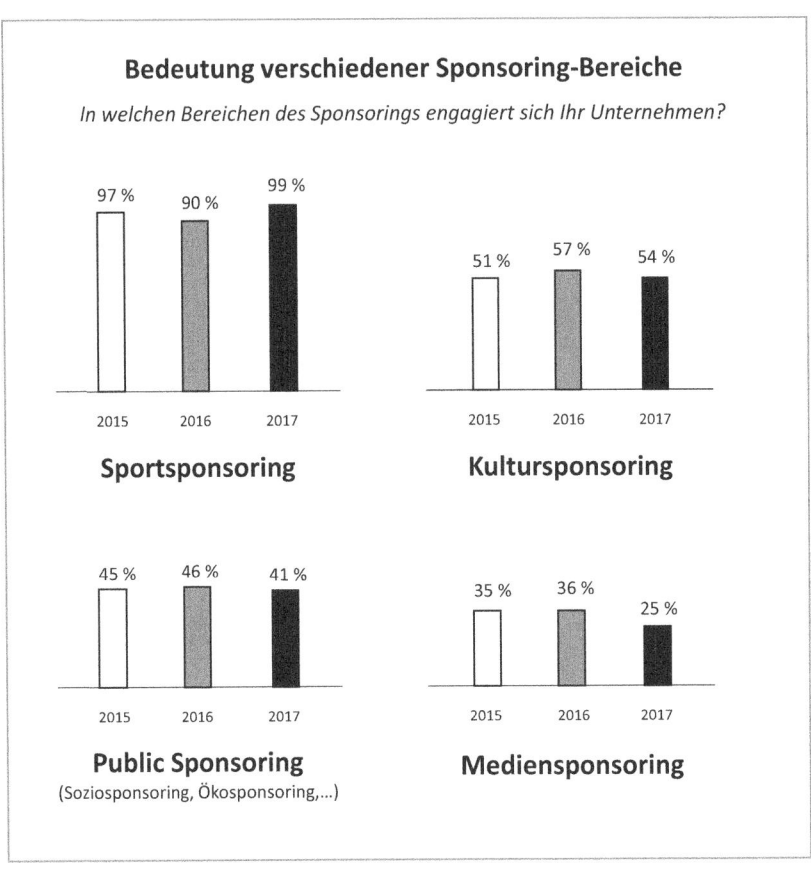

Abb. 1.5 Häufigkeit und Bedeutung verschiedener Sponsoringarten im deutschsprachigen Raum (Nielsen, 2018a)

im Kultur- oder Soziosponsoring engagieren. Denn oftmals besitzen Unternehmen ein breites Portfolio an Sponsoringaktivitäten über verschiedene Kategorien hinweg, wobei jedoch eben fast immer (auch) das Sportsponsoring enthalten ist. Dahingegen sind andere Sponsoringarten nicht immer bzw. bei Weitem nicht so häufig üblicher Bestandteil der Sponsoringstrategie von Unternehmen. So gaben beispielsweise nur etwa 25 Prozent der befragten Unternehmen in obig genannter Studie an, sich (auch) im Mediensponsoring zu engagieren.

Die Übersicht in Abb. 1.5 vermittelt einen Überblick zu den Häufigkeiten der Sponsoringengagements von Unternehmen im Hinblick auf die verschiedenen

Sponsoringarten im deutschsprachigen Raum und zeigt die Entwicklungstendenzen der vergangenen Jahre auf.

Die Dominanz des Sportsponsorings gegenüber den anderen Sponsoringarten ist u. a. auf das hohe kommunikative Potenzial zurückzuführen, das der Sport mit sich bringt. Der Sport, d. h. sowohl das aktive Sporttreiben als auch das passive Verfolgen von Sportwettkämpfen jeglichen Niveaus, stellt die bedeutendste Freizeitbeschäftigung in der Gesellschaft dar. Die Faszination der Menschen für Sport sieht Hermanns (2001) darin begründet, dass kaum ein anderes gesellschaftliches Phänomen so gut dafür geeignet ist, die in der heutigen Zeit hochgeschätzten Bedürfnisse wie Spaß, Genuss, Unterhaltung, Selbstverwirklichung sowie auch psychisches und physisches Wohlbefinden in einer derart gebündelten Art und Weise zu befriedigen.

1.2.4 Entwicklung, Bedeutung und Vergleich der Sponsoringarten

Abschließend werden in Abb. 1.6 die Entwicklung und Bedeutung der jeweiligen Sponsoringarten im zeitlichen Verlauf dargestellt sowie die Verhaltensweisen der beteiligten Stakeholder in den unterschiedlichen Phasen anhand eines Marktlebenszyklus bzw. Diffusionsmodells in vergleichender Art und Weise aufgelistet.

1.3 Zusammenfassung

Im ersten Kapitel des Lehrbuchs haben wir uns grundlegend mit dem Phänomen des Sponsorings auseinandergesetzt. Zu Beginn erfolgten dabei eine wissenschaftliche Definition sowie Einordnung und Abgrenzung des Sponsoringbegriffs. Darüber hinausgehend haben Sie weitere Formen der Unternehmensförderung, nämlich das Mäzenatentum und das Spendenwesen, genauer kennengelernt und anhand entsprechender Praxisbeispiele die wesentlichen Unterschiede zum Sponsoring erfahren.

Anschließend haben wir uns den zentralen Merkmalen des Sponsorings gewidmet und uns mit den unterschiedlichen Sponsoringtypen sowie deren Relevanz in der Praxis beschäftigt.

Eine ausführliche Darstellung und Diskussion der anderweitigen – neben dem Sportsponsoring existierenden – Sponsoringarten zeigte Ihnen zudem die Bandbreite, Bedeutung und Vielfältigkeit der Sponsoringthematik auf.

Phasen		Entstehung	Wachstum		Reife	Sättigung
		1970er-Jahre	1980er-Jahre	1990er-Jahre	2000er-Jahre	Ab 2010
Bedeutung	Sportsponsoring	Erste Anfänge bei wenigen Sportarten	Starke Professionalisierung bei ausgewählten Sportarten	Erschließung sämtlicher Sportarten und Leistungsklassen	Weitgehende Abhängigkeit des Sports von Sponsoren	Abhängigkeit nimmt weiter zu, Skandale werden zum Problem
	Kultursponsoring	Geringe Bedeutung, allenfalls Mäzenatentum	Erste Anfänge in wenigen Kunstbereichen	Tendenz zur Professionalisierung in ausgewählten Bereichen (Spitzenkunst)	Hohe Bedeutung in attraktiven Kunst- und Kulturbereichen	Bedeutung nimmt zu durch neue Technologien, auch Nischenkunst findet Sponsoren
	Sozio- & Umweltsponsoring	Geringe Bedeutung, allenfalls Förderung durch Mäzene oder Spenden	Erste Anfänge in wenigen Sozio- und Umweltbereichen	Kreierung eigener Sponsorships durch Unternehmen	Tendenz zur Professionalisierung ausgewählter Sozio- und Umweltbereichen	Sozio- und Umweltsponsoring Bestandteil der CSR
	Mediensponsoring	Keine Bedeutung	Erste Anfänge durch Schleichwerbung und Product-Placement	Rechtliche Möglichkeit und Erschließung für die Kommunikation	Systematischer Einsatz durch Medien und Unternehmen	Systematische Integration in alle Online-Kommunikationsmaßnahmen
Verhalten der Beteiligten	Unternehmen	Erste Versuche, isolierter und sporadischer Einsatz	Tendenz zur Professionalisierung bei positiven Erfahrungen	Vielseitiger Einsatz in verschiedenen Bereichen	Starker integrativer Einsatz durch Medien und Unternehmen	Weitere Integration durch Soziale Medien
	Gesponserte	Erste Versuche, sporadisches Interesse	Hohes Interesse, nur geringfügige Professionalisierung (mit Ausnahmen)	Tendenz zur Professionalisierung	Bedeutsame Finanzierungsquelle im Rahmen des Beschaffungsmarketings	Sponsoring als feste Einnahmequelle
	Medien	Ablehnende Haltung der öffentlich-rechtlichen Medien	Hohes Interesse der privaten Medienanbieter	Starke Nutzung durch private/öffentlich-rechtliche Medienanbieter	Bedeutsame Finanzierungsquelle für alle Medien	Hohe Bedeutung für alle Medien
	Staat	Indifferente Haltung	Ambivalente Haltung verschiedener staatlicher Stellen	Förderung in ausgewählten Bereichen, Rahmenbedingungen	Schaffung neuer Regeln und Schutzmaßnahmen	Stärkere Reglementierung bestimmter Sponsorships
	Bevölkerung	Indifferente Haltung	Weitgehende Akzeptanz bei ersten Reaktanzen	Stärkere Reaktanzen in bestimmten Bereichen	Meinungspolarisierung in der Akzeptanz/Ablehnung	Ablehnung von zu intensiven Sponsorships

Abb. 1.6 Marktlebenszyklus und Diffusion des Sponsorings in Deutschland (in Anlehnung an Bruhn, 2018, S. 15)

Mit diesem Kapitel haben Sie sich nun ein grundlegendes Verständnis für das allgemeine Themenfeld Sponsoring geschaffen, welches als Fundament für eine tiefergehende Auseinandersetzung mit dem Sportsponsoring, eine spezifische Ausprägung des Sponsorings, in den nachfolgenden Kapiteln dient.

1.3 Zusammenfassung

1.3.1 Aufgaben zur Selbstüberprüfung

Aufgabe 1.1

Definieren Sie den Begriff „Sponsoring" in eigenen Worten und grenzen Sie diesen anhand wesentlicher Merkmale von den anderweitigen Formen der Unternehmensförderung ab. ◄

Aufgabe 1.2

Welche Sponsoringtypen sind Ihnen bekannt? Beschreiben Sie jeweils charakteristische Merkmale und erläutern Sie den Stellenwert der jeweiligen Typen im Sportsektor. ◄

Aufgabe 1.3

Skizzieren Sie in eigenen Worten den historischen Entwicklungsverlauf des Sportsponsorings im Hinblick auf seine Bedeutung, von der anfänglichen Entstehung in den 1970er-Jahren bis hin zur Gegenwart, und erläutern Sie dabei insbesondere das Verhalten der Gesponserten in den einzelnen Phasen. ◄

Sportsponsoring 2

> **Übersicht**
>
> Ziel dieses Kapitels ist es, ein tiefergehendes Wissen zur spezifischen Erscheinungsform Sportsponsoring zu erlangen, ein wissenschaftliches Begriffsverständnis zu erarbeiten und die Besonderheiten des Sportsektors in diesem Zusammenhang kennenzulernen.
>
> Nach Bearbeitung dieses Kapitels werden Sie die Entwicklung des Sportsponsorings skizzieren sowie die Bedeutung von Sponsorships für den Sponsernden und für den Gesponserten erörtern können.
>
> Darüber hinaus werden Sie in der Lage sein, die Rolle beteiligter Akteure, spezifische Motive und Ziele des Sportsponsorings zu erläutern sowie unterschiedliche Sponsoringkonzepte und -ansätze abgrenzen und einordnen zu können. Anhand aufgezeigter Praxisbeispiele und Statistiken werden Sie zudem ein tieferes Verständnis für den Stellenwert von Sponsoringaktivitäten im Sportbusiness entwickeln.

Im Folgenden beschäftigen wir uns im Speziellen mit der Sponsoringart Sportsponsoring und werden uns zu Beginn mit der definitorischen Abgrenzung des Begriffs sowie mit den Besonderheiten des Sponsorings im Sportsektor auseinandersetzen.

2.1 Begriffliche Abgrenzung, Bedeutung und Besonderheiten des Sportsponsorings

Im ersten Kapitel haben wir uns mit dem Begriff und allgemeinen Phänomen des Sponsorings beschäftigt, doch was ist das Besondere am Sportsponsoring und was unterscheidet diese Sponsoringart von den anderen?

Bei der allgemeinen Definition des Begriffs Sponsoring (siehe Kap. 1) wird meist vor allem die Förderabsicht bzw. der Fördergedanke des Sponsernden gegenüber dem Gesponserten als zentrales Merkmal hervorgehen. Diese Eigenschaft vermag zwar insbesondere im Zusammenhang mit den anderweitigen, bereits dargelegten Sponsoringarten wie etwa Kultur- oder Soziosponsoring eine große Bedeutung einnehmen, doch gerade im Hinblick auf die vorherrschende Situation im modernen Sportsponsoring trifft dieses Merkmal in der Realität oftmals nicht (mehr) zu. Ausnahmen davon bilden etwa Sportsponsoringengagements im Bereich des Breiten-, Behinderten- und Freizeitsports. Doch gerade bei typischen Sponsoringaktivitäten im Leistungs- und Profisportbereich (allen voran im Fußball, Tennis und in der Formel 1) muss der klassische Fördergedanke schlichtweg negiert werden (Bagusat & Hermanns, 2012, S. 459). Bei solchen Konstellationen stehen üblicherweise anderweitige, vor allem rein kommerziell geprägte Absichten bzw. marketing- und kommunikationsbezogene Motive und Ziele im Mittelpunkt der Kooperation, denen wir uns in nachfolgenden Abschnitten ebenfalls genauer widmen werden.

Aus genannten Gründen erscheint es erforderlich, eine spezifische Definition des Begriffs **Sportsponsoring** in Abgrenzung zur allgemeinen Definition des Sponsorings herauszuarbeiten, welche weniger auf die primäre Förderabsicht des Sponsors in solch einer Partnerschaft abstellt, sondern die Beziehung mehr als marketingbezogene Verbindung zweier Akteure charakterisiert und damit der Realität verstärkt Rechnung trägt.

Hermanns und Marwitz (2008, S. 44) definieren in einem enumerativ-explikativen[1] Ansatz den Begriff „Sportsponsoring" daher wie folgt:

---

[1] Im Gegensatz zu einer phasen-, ereignis- oder vertragsorientierten Betrachtungs- und Herangehensweise wird bei einem enumerativ-explikativen Ansatz ein gewisser Terminus durch die Aufzählung von konstitutiven Merkmalen und charakteristischen Eigenschaften sowie weiteren Erläuterungen genauer umschrieben und dadurch eindeutig definiert. Eine tiefergehende theoretische Auseinandersetzung mit den verschiedenen Definitionsansätzen ist u. a. in den Werken von Bagusat, Marwitz, und Vogl (2008), Zerfaß (2007), Cotting (2000) und Hermanns und Marwitz (2008) zu finden.

2.1 Begriffliche Abgrenzung, Bedeutung und Besonderheiten ...

Definition 2.1: Sportsponsoring

Unter **Sportsponsoring** versteht man

- die Zuwendung von Finanz-, Sach- und/oder Dienstleistungen von einem Unternehmen (*Sponsor*)
- an eine Einzelperson, eine Gruppe von Personen oder eine Organisation bzw. Institution aus dem Sport (*Gesponserter*)
- gegen die Gewährung von Rechten zur kommunikativen Nutzung von Personen bzw. Organisationen und/oder Aktivitäten des Gesponserten
- auf Basis einer vertraglichen Vereinbarung. ◄

Analog zum allgemeinen Sponsoringbegriff kann damit eine entsprechende Übereinkunft zweier Parteien auf Basis einer vertraglichen Vereinbarung mit Bezug zum Sportsektor als **Sportsponsorship** bezeichnet werden (Hermanns & Marwitz, 2008, S. 45).

Ein Vorteil obiger Definition liegt laut Quirling et al. (2017) darin, dass sie einerseits alle wesentlichen Merkmale des Sponsorings aufführt, dabei aber gleichzeitig auf eine Einschränkung der denkbaren Bereiche für das Sponsoring verzichtet und somit die Möglichkeit für „innovative Formen des Sponsorings ohne Verlust der Allgemeingültigkeit" (Marwitz, 2006, S. 27) eröffnet.

Auch die eindeutige Abgrenzung des Sportsponsorings zu anderweitigen Formen der Unternehmensförderung im Sport wie etwa Mäzenatentum und Spendenwesen bleibt hierbei aufgrund des konstitutiven Merkmals bzw. Prinzips der Leistung und Gegenleistung („Reziprozität") eindeutig möglich, das bei den anderen Formen keinerlei relevante Bedeutung besitzt, da altruistische Motive im Vordergrund stehen.

Die herausragende Bedeutung des Sportsponsorings für Unternehmen basiert dabei vor allem auf dem hohen Stellenwert des Sports in der Gesellschaft. Ein Großteil der Bevölkerung treibt selbst mehr oder weniger regelmäßig aktiv Sport und/oder interessiert sich für den Sport, z. B. im Rahmen von Berichterstattungen über Sportveranstaltungen und (inter-)nationale Wettbewerbe.

So gaben im Rahmen der „Verbrauchs- und Medienanalayse VuMa, 2022" mit Blick auf das Jahr 2021 etwa 30 Millionen Deutschen an, mehrmals wöchentlich oder zumindest mehrmals monatlich Sport zu treiben (VuMa, 2022).

Dieses Ergebnis bzw. das große Interesse der Deutschen am Thema Sport, insbesondere am Fußball, spiegelt sich darüber hinaus in der Rekordeinschaltquote des Fußball-Weltmeisterschaftsfinales von 2014 wider. Dabei verfolgten knapp 35 Millionen Zuschauer das Ereignis vor den TV-Bildschirmen, was einer Einschaltquote von über 85 Prozent entspricht (RP-Online, o. J.).

Übung 2.1

Recherchieren Sie die Top 10 der Sendungen mit den höchsten Einschaltquoten in der deutschen TV-Geschichte und analysieren Sie diese im Hinblick auf den Anteil von Sport- bzw. Fußball-Übertragungen. ◄

Darüber hinaus sprechen weitere, charakteristische Merkmale und Besonderheiten des Sportsektors für die hohe Attraktivität und den weitverbreiteten Einsatz des Instruments Sponsoring durch Unternehmen. Bruhn (2018, S. 104 f.) hebt hierbei insbesondere folgende drei Besonderheiten des Sports hervor:

1. **Emotional angenehme Situation**
Der Sport bietet eine Umgebung und Atmosphäre, in der die Zuschauer, d. h. die Konsumenten und somit die Zielgruppe der Sponsoren, in einem sehr angenehmen, attraktiven und positiv beurteilten Umfeld angesprochen werden können. Dies ermöglicht es ebenfalls, insbesondere auch gezielt Personen anzusprechen, welche ansonsten eine teilweise negative bzw. ablehnende Haltung gegenüber dem Thema Werbung aufweisen. Durch diese besondere Eigenschaft stellt der Sportsektor insgesamt ein sehr attraktives Umfeld für kommerzielle Marketing- und Unternehmenskommunikationsmaßnahmen dar.
2. **Breiter Aufmerksamkeitswert des Sports**
Das Thema Sport im Allgemeinen, prominente Sportlerinnen und Sportler, erfolgreiche Mannschaften, Wettbewerbe und Turniere verschiedener Sportarten und insbesondere auch die klassischen, globalen Sportgroßereignisse wie etwa Fußballweltmeisterschaften und Olympische Spiele erreichen einen hohen und breiten Aufmerksamkeitswert in der Bevölkerung. Dabei durchdringt der Sport eine große Anzahl verschiedener Bevölkerungsgruppen und -schichten und erreicht damit eine Vielzahl von Personen über verschiedene demografische Merkmale und soziale Grenzen hinweg. Des Weiteren sind ein hohes persönliches Interesse und Engagement der Zielgruppe sowie eine hohe emotionale Bindung vieler Zuschauer im Sportumfeld zu erwarten, wodurch sich das Sponsoring im Sportumfeld v. a. mit Blick auf die Kontaktqualität der Marketing- und Unternehmenskommunikation besonders gut eignet.
3. **Vielfältige Möglichkeiten eines Sponsoringengagements**
Der Sportsektor ist so vielfältig wie ein Strauß Blumen und ermöglicht dadurch eine Vielzahl unterschiedlicher Ausrichtungen und Schwerpunktsetzungen eines Sponsoringengagements. Aufgrund der Entscheidungsmöglichkeit des gezielten Einsatzes von Sponsoringaktivitäten in unterschiedlichen Sportarten, in verschiedenen Ligen und Wettbewerben und auch mit unterschiedlichen Umsetzungsmöglichkeiten im Hinblick auf die geografische und (inter-)nationale Wir-

kung des Engagements kann die Art und Zielsetzung des Sponsorings – und damit die Kommunikation – zielgruppenspezifisch angepasst und ausgerichtet werden.

Darüber hinaus besteht durch gezielten Einsatz des Sponsorings im Sport die Möglichkeit zur Differenzierung und Abhebung eines Unternehmens bzw. einer Marke gegenüber Wettbewerbern.

2.2 Entwicklung und ökonomische Bedeutung des Sportsponsorings

Das Sportsponsoring ist historisch betrachtet sowohl die älteste als auch mittlerweile die mit Abstand bedeutendste Art des Sponsorings. Der Sport spielte als inhaltliche Kategorie von Werbung seit Langem eine relevante Rolle, wodurch auch bereits sehr früh sponsoringähnliche Vorgehensweisen im Sport auftraten, wie z. B. die Belieferung der US-amerikanischen Olympiamannschaft mit Erfrischungsgetränken durch das Unternehmen Coca-Cola bei den Olympischen Spielen 1928 in Amsterdam. Seither hat sich Coca-Cola zu einem der größten Sportsponsoren weltweit entwickelt und konnte sich als Partner zahlreicher internationaler Sportorganisationen, -veranstaltungen und -institutionen globale Aufmerksamkeit verschaffen.

Die beiden bekanntesten Engagements der Getränkemarke sind dabei sicherlich die Kooperationen mit dem Internationalen Olympischen Komitee (IOC) und dem Fußballweltverband FIFA. Erst kürzlich wurde die Sponsoringpartnerschaft zwischen dem IOC und Coca-Cola zu Rekordkonditionen bis ins Jahr 2032 verlängert. Nachfolgend finden Sie eine entsprechende Pressemeldung vom Juni 2019 aus dem Handelsblatt:

Beispiel 2.1: IOC schließt Rekord-Sponsoringvertrag mit Coca-Cola und Mengniu Dairy

„Die beiden Konzerne werden bis 2032 die Olympischen Spiele sponsern. Der Vertrag soll rund drei Milliarden Dollar schwer sein.

Das Internationale Olympische Komitee hat einen Rekord-Sponsoringvertrag mit dem Getränkehersteller Coca-Cola und China Mengniu Dairy unterschrieben. Wie das IOC am Montag vor der Session in Lausanne mitteilte, ist der Kontrakt für zwölf Jahre von 2021 bis 2032 abgeschlossen worden. Er umfasst somit sechs Sommer- und Winterspiele. „Es ist eine neue Dimension der Partnerschaft", sagte IOC-Präsident Thomas Bach. Spekuliert wird, dass der Vertrag dem IOC rund drei Milliarden Dollar einbringen wird. Von 2013 bis 2016 hatte das IOC insgesamt rund 5,5 Milliarden Dollar an Werbeeinnahmen verbucht. Der Vorsitzende der Coca-Cola-Company, James Quincey, bestätigte den Betrag nicht und sprach nur von einem „substanziellen Arrangement". Co-Partner Mengniu Dairy ist ein chinesischer Milchproduzent. Schauplatz der Winterspiele 2022 wird Peking sein. Coca-Cola ist seit 1928 Sponsor des IOC" (Handelsblatt, 2019). ◄

Übung 2.2

Informieren Sie sich über die zweite große Sponsoringpartnerschaft von Coca-Cola, nämlich zwischen Coca-Cola und der FIFA. Beschreiben Sie das Sponsorship in eigenen Worten. Was sind die wichtigsten Bereiche der Zusammenarbeit und welche Aktivitäten und Formate des Weltverbandes werden dabei insbesondere unterstützt? ◄

Neben den großen Marken und Firmen spielen jedoch – vor allem in Deutschland – auch viele kleine und mittelständische Unternehmen eine wichtige Rolle im Sportsponsoringmarkt und stellen dabei ca. 50 Prozent des gesamten Sponsoringvolumens bereit (VSA, 2019).

Meilensteine in der Entwicklung des Sportsponsorings
Die Entwicklung des Sportsponsorings begann in Deutschland in den 1970er-Jahren. Mit dem Ausschluss und Verbot der Tabakwerbung im Fernsehen im Jahre 1974 wurde als sogenanntes **Werbesurrogat** im sportlichen Umfeld mit Banden- und Trikotwerbung versucht, die gesetzlichen Beschränkungen zu umgehen. Durch diese Maßnahmen sollte auch weiterhin die Markensichtbarkeit im Rahmen der Sportberichterstattung im TV sichergestellt werden (Drees, 1992, S. 9; Hermanns & Riedmüller, 2001, S. 278).

Dabei ist vor allem das Sponsoring des Fußballclubs **Eintracht Braunschweig** mit Platzierung des Firmenlogos der **Getränkemarke Jägermeister** auf der Brust des Trikots im Jahre 1973 als einer der bedeutendsten und wegweisendsten Meilensteine des Sportsponsorings in Deutschland zu sehen. Diese Partnerschaft ebnete den Weg für heutzutage kaum mehr wegzudenkende Sponsoringaktivitäten im professionellen Sport und revolutionierte dadurch die gesamte Branche tiefgreifend und nachhaltig.

Die Vereinigung der Sportsponsoring-Anbieter e. V. (VSA) liefert einen weiterführenden Überblick ausgewählter Entwicklungsschritte und Meilensteine im Bereich des internationalen Sportsponsorings (Tab. 2.1).

Tab. 2.1 Meilensteine in der Entwicklung des internationalen Sportsponsorings (in Anlehnung an VSA, 2021)

Jahr	Bereich	Ereignis
1912	Namensrechte	Mit dem Fenway Park, der Heimspielstätte des US-amerikanischen Major-League-Baseball-Teams Boston Red Sox, wurde erstmals 1912 eine Sportstätte nach einem Unternehmen benannt. Bis heute prägen, wie in keinem anderen Land der Welt, kommerzielle Namensgeber die Sportstättenlandschaft der USA.
1926	Namensrechte	Auch die zweitälteste Spielstätte der MLB wurde 1926 nach der damaligen Besitzerfamilie Wrigley benannt. Bis zum heutigen Tag trägt die mehrmals renovierte Heimstätte der Chicago Cubs, das Wrigley Field, den Namen des amerikanischen Kaugummiherstellers.
1950	Trikotsponsoring	Lange bevor Eintracht Braunschweig mit dem Konterfei des Kräuterlikörherstellers Jägermeister auflief, kämpften die Fußballer des uruguayischen Spitzenclubs Peñarol bereits in den 1950er-Jahren mit Werbung auf der Trikotbrust um Punkte.
1967	Trikotsponsoring	Bereits sechs Jahre bevor Eintracht Braunschweig das Trikotsponsoring salonfähig machte, liefen bereits die Spieler von Wormatia Worms mit dem Werbeschriftzug des US-amerikanischen Baumaschinenherstellers Caterpillar auf. Der 20.08.1967 gilt daher als Geburtsstunde des Trikotsponsorings in Deutschland. Nach nur wenigen Spieltagen verbot der DFB die „Firmenreklame auf der Spielkleidung".
1971	Namensrechte	Bereits Jahrzehnte vor dem großen Boom des Sportstättensponsorings in Deutschland wurden Sport- und Eventstätten vereinzelt nach Unternehmen benannt. Beispielsweise sicherte sich der Elektronikkonzern Philips 1971 für 40 Jahre die Namensrechte an der heutigen Mitsubishi Electric HALLE (damals Philipshalle), die im Herzen Düsseldorfs bis heute eine bedeutende Eventstätte für Konzerte und Shows darstellt.
1973	Trikotsponsoring	Am 24. März 1973, beim Spiel Eintracht Braunschweig gegen den FC Schalke 04, kam es nun auch in der Ersten Bundesliga zu einer Revolution, die den Fußball für immer veränderte: Auf der Brust der „Löwen" prangte erstmals offiziell das Unternehmenslogo von Jägermeister.

(Fortsetzung)

Tab. 2.1 (Fortsetzung)

Jahr	Bereich	Ereignis
1976	Trikotsponsoring	Rund drei Jahre nach der Bundesliga, am 24.01.1976, war Bath City der erste britische Club, der mit Kettering Tyres auf der Brust auflief und die kommerzielle Vermarktung der Trikotflächen auch auf der Insel zur möglichen Einnahmequelle für Vereine machte. Anfang der 1980er-Jahre spielten nahezu alle britischen Spitzenklubs, wie Arsenal FC (JVC), Liverpool FC (Hitachi), Manchester United FC (Sharp) und Nottingham Forest FC (Panasonic), mit den Schriftzügen namhafter Elektronikunternehmen auf der Brust.
1984	Testimonialwerbung	Die im Jahr 1984 geschlossene Partnerschaft zwischen Michael Jordan und Nike für anfangs rund 500.000 US-Dollar pro Jahr läutete eine neue Ära der Testimonialwerbung ein. Die eigenen Kollektionen und der kometenhafte Aufstieg machten „Air" Jordan zum ersten Sportler, der zu einer globalen Marke wurde.
1999	CamCarpets	GetUps bzw. CamCarpets erhielten in der Saison 1998/99 Einzug in der Bundesliga. Der flach liegende Teppich, der erst aus der Kameraperspektive als vermeintlich aufrecht stehende Bande wahrgenommen wird, ist bis heute nicht mehr aus den Stadien und Arenen wegzudenken.
2001	Namensrechte	Als richtungsweisend für die deutsche Sponsoringlandschaft gilt heute der 2001 geschlossene Vertrag zwischen dem Internetanbieter AOL und dem Hamburger SV, bevor in den Folgejahren zahlreiche weitere Sport- und Eventstätten nach Unternehmen benannt wurden.
2008	LED-Banden	Mit Beginn der Rückrunde der Saison 2007/08 genehmigte die Deutsche Fußball Liga (DFL) eine Testphase für den Einsatz digitaler Werbebanden. Als letzter Verein stellte Borussia Mönchengladbach mit Beginn der Saison 2016/17 sein System von statischen Banden auf LED-Banden um. Auch andere deutsche Profiligen setzen mittlerweile mehrheitlich auf digitale Banden. Beispielsweise wurde in der BBL zu Beginn der Saison 2013/14 der Einsatz digitaler Banden verpflichtend für alle Clubs eingeführt. Die Mitte der 1990er-Jahre eingeführten Drehbanden werden heutzutage nur noch vereinzelt eingesetzt. Aktuell steht bereits die nächste Evolutionsstufe unmittelbar in den Startlöchern. Die virtuelle Bandenwerbung, die Überblendung von Werbeflächen, wird nach ersten erfolgreichen Tests das Sponsoring erneut revolutionieren.

(Fortsetzung)

2.2 Entwicklung und ökonomische Bedeutung des Sportsponsorings

Tab. 2.1 (Fortsetzung)

Jahr	Bereich	Ereignis
2013	Digitalisierung im Sport	„Mia san 10 Millionen" – als erster deutscher Club knackt der FC Bayern München im November 2013 die Marke von zehn Millionen Facebook-Freunden. Die digitale Interaktion zwischen Sportplattformen und ihren Fans über soziale Netzwerke wird zu einem der spannendsten und innovativsten Tools für Sponsoren. 2017 erreicht der FC Bayern bereits weit über 40 Millionen Fans in aller Welt über Facebook.
2017	Ärmelsponsoring	Seit der Saison 2017/18 können die Bundesliga-Clubs ihren linken Trikotärmel erstmals eigenverantwortlich vermarkten. Mit Beginn der Rückrunde 2012/13 hatte das Logo des Logistikunternehmens Hermes, Premium-Partner der Fußball-Bundesliga, die Ärmel sämtlicher Bundesligisten geziert. Von 2006/07 bis 2008/09 trat bereits die Deutsche Telekom als Premium-Partner und Ärmelsponsor der Bundesligisten in Erscheinung.

Größenordnung und ökonomische Bedeutung des Sportsponsorings

Haben Sie eine ungefähre Vorstellung, in welchen finanziellen Größenordnungen sich das Gesamtvolumen des globalen Sportsponsorings bewegt, welche Entwicklung und Tendenzen hierbei in der Vergangenheit zu beobachten waren und wie die Prognosen für die Zukunft aussehen? Die nachfolgenden Abschnitte werden Ihnen hierzu Antworten liefern.

Die Liebe zum Sport ist ein globales Phänomen: Auf der ganzen Welt verfolgen Interessierte, Anhänger und Fans die Aktivitäten ihrer Idole in diversen Sportarten und fiebern mit ihren Lieblingsmannschaften in zahlreichen Wettkämpfen und Turnieren. Diese mediale und gesellschaftliche Aufmerksamkeit des Sports nutzen daher Firmen weltweit und engagieren sich als Sponsor in den unterschiedlichsten Formen und Ausprägungen im Sportbereich.

Beispiel 2.2

Der globale Markt für Sportsponsoring umfasst im Jahr 2020 ein Gesamtvolumen von 48,4 Milliarden US-Dollar.

Im Vergleich zum Jahr 2011 verzeichnen die weltweiten Sportsponsoringausgaben damit ein Wachstum von ca. 45 Prozent, was in etwa einem Anstieg von 15 Milliarden US-Dollar entspricht (WARC, 2020a). ◄

Auch in engerer Betrachtung zeigt sich, dass allein von 2019 auf 2020 die weltweiten Sportsponsoringinvestitionen (trotz Corona) um fünf Prozent gestiegen sind, was laut den Ergebnissen einer aktuellen Studie von WARC (2020a) das stärkste Wachstum seit über zehn Jahren darstellt.

Das Marktwachstum wurde dabei v. a. durch die Rekordinvestitionen in Höhe von knapp 6 Milliarden US-Dollar im Zuge der Olympischen Spiele 2020 in Tokio getrieben, wobei knapp 2 Milliarden US-Dollar von globalen olympischen Partnern wie Coca-Cola und Procter & Gamble und weitere 3,3 Milliarden US-Dollar von inländischen Sponsoren wie Canon, Asahi und Fujitsu stammen.

Die Entwicklung der weltweiten Sportsponsoringausgaben zwischen 2001 und 2020 ist in Abb. 2.1 dargestellt.

Ein weiterer, sehr bedeutender Treiber des Wachstums ist insbesondere der Sektor des E-Sportsponsorings, in welchem im Jahr 2020 weltweit ca. 584 Millionen Dollar investiert und mit Wachstumsraten von mehr als 20 Prozent p. a. jährlich neue Rekordwerte aufgestellt werden. Zusammen mit Advertisingausgaben wurden 2020 insgesamt 795,1 Million US-Dollar im E-Sport ausgegeben. Das Sponsoring im E-Sportbereich befindet sich jedoch erst am Anfang seiner Entwicklung: Auch zukünftig werden hier immense Wachstumsraten zu erwarten sein (Abb. 2.2).

In dem nachfolgenden Beispielen 2.3 und 2.4 sind beispielhaft zwei E-Sport-Sponsoringengagements aus der Praxis von traditionellen Unternehmen dargestellt.

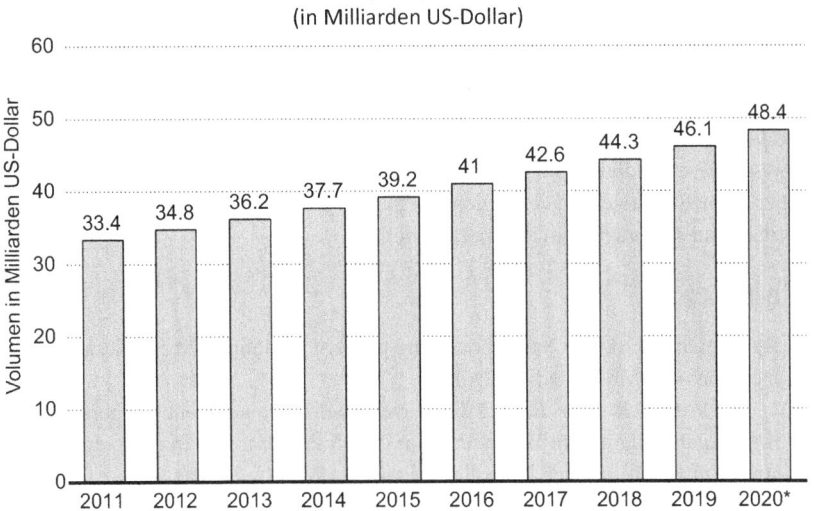

Abb. 2.1 Entwicklung des weltweiten Sportsponsoringvolumens von 2011 bis 2020 (WARC, 2020b)

2.2 Entwicklung und ökonomische Bedeutung des Sportsponsorings

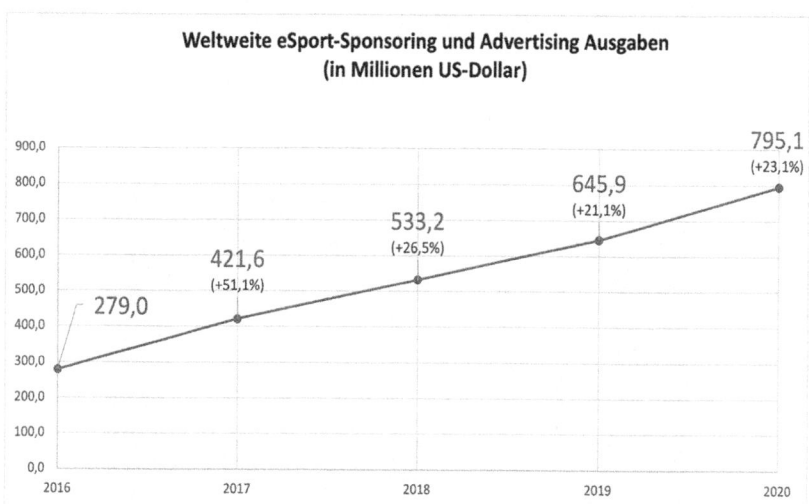

Abb. 2.2 Entwicklung der weltweiten E-Sportsponsoring- und Advertising-Ausgaben 2016–2020 (WARC, 2020a)

Beispiel 2.3: Engelbert Strauss als neuer Titelsponsor im E-Sport

Der Berufsbekleidungshersteller Engelbert Strauss hat sein Sponsoringportfolio erweitert und ist als Namensgeber der League-of-Legends-Liga, Prime League, eingestiegen. Wie im Dezember 2021 bekannt gegeben wurde, ist dies das erste Engagement im E-Sport des nicht endemischen Unternehmens. (Nicht endemische Unternehmen grenzen mit ihren Produkten und Dienstleistungen nicht direkt an die E-Sportbranche an und besitzen keine natürliche bzw. historische Nähe zu den Inhalten des E-Sportsektors). Lesen Sie weitere Hintergründe zu diesem Sponsoring in folgendem Artikel: https://www.sport1.de/news/esports/league-of-legends/2021/12/prime-league-bekommt-neuen-sponsor.

Das neue Prime League-Logo mit Titelsponsor Engelbert Strauss (Sport1, o. J.) ◄

Beispiel 2.4: REWE neuer Sponsoringpartner von SK Gaming im E-Sport

Auch der Lebensmittelhändler REWE verkündete im Dezember 2021 eine neue Sponsoringpartnerschaft mit dem League-of-Legends-Team SK Gaming und fungiert in Zukunft dazu als offizieller Ernährungspartner der Mannschaft.

Werbebanner zur neuen Sponsoringpartnerschaft SK Gaming-REWE (Rentz, 2021)

Weitere Infos zu diesem Sponsoringdeal finden Sie hier: https://www.horizont.net/marketing/nachrichten/e-sports-hype-geht-weiter-rewe-verbuendet-sich-mit-koelner-clan-sk-gaming-196377. ◄

An den oben dargestellten Entwicklungen und investierten Sponsoringsummen lässt sich sehr gut die globale Größenordnung und Bedeutung des Sportsponsorings ablesen. Insgesamt spiegeln die dargestellten Entwicklungen die weltweit stetig wachsende Popularität und Attraktivität des Instruments Sportsponsoring wider (Nielsen, 2018b). Die Sportsponsoringbranche ist seit Jahren im Aufschwung und heute fester Bestandteil im modernen Kommunikations- und Marketingmix von Unternehmen weltweit.

Diese hohe Investitionsbereitschaft von Unternehmen hat ihre Gründe. Denn Sportsponsoring wird in der Gesellschaft akzeptiert und genießt im Vergleich und im Gegensatz zu anderweitigen Werbeformen einen guten Ruf. Sportsponsoring wird über alle Altersklassen hinweg als zeitgemäßes, sympathisches und glaubwürdiges Kommunikationsinstrument eingestuft und positiv wahrgenommen.

Zudem werden Produkte von Firmen, die sich im Sportsponsoring engagieren, oftmals gegenüber gleichwertigen Konkurrenzprodukten bevorzugt (sofern sie eine vergleichbare Qualität besitzen und ähnlich teuer sind). Vor allem bei Personen mit

2.2 Entwicklung und ökonomische Bedeutung des Sportsponsorings

hoher Markenaffinität kommt Sportsponsoring besonders gut an, denn sie akzeptieren diese Werbeform in hohem Maße. Durch ein Sponsoringengagement wird auch der Kaufprozess eines Produkts oftmals beschleunigt. Anderweitige Werbemaßnahmen in vergleichbaren Bereichen wie etwa Kultur, Musik, Politik und Mode erreichen längst nicht die Reichweiten und Aufmerksamkeitswerte, die der Sport erlangt (VSA, 2019).

> **Übung 2.3**
>
> Lesen Sie zur Vertiefung des Themas Sportsponsoring in Deutschland die Studie „**Sportsponsoring: Volltreffer mit gezielter Wirkung**", welche die Wahrnehmung des Sportsponsorings im Vergleich zu anderen Werbeformen untersucht (VSA, 2019): https://vsa-ev.de/wp-content/uploads/2019/08/Studie-VSA_Volltreffer-mit-gezielter-Wirkung_Kurzversion.pdf.
>
> Erläutern Sie danach die aus Ihrer Sicht wichtigsten Studienergebnisse in eigenen Worten. ◄

Bedeutung von Sportarten und Branchen im Sportsponsoring

Nachdem wir uns mit der geschichtlichen Entwicklung und den wichtigsten Meilensteinen des Sportsponsorings im internationalen Kontext beschäftigt haben sowie einen Blick auf die ökonomischen und finanziellen Größenordnungen des Sportsponsorings in Deutschland und der Welt geworfen haben, blicken wir nachfolgend genauer auf die aktuelle Situation im deutschen Sportsponsoringmarkt.

Hierbei soll insbesondere betrachtet werden, welchen Stellenwert gewisse Sportarten besitzen, d. h., für welche Sportarten sich sponsernde Unternehmen entscheiden, um eine Partnerschaft einzugehen, und in welchem Umfang und Verhältnis sich die Sponsoringausgaben über die einzelnen Sportarten hinweg verteilen.

Dabei kann vorab bereits angemerkt werden: König Fußball regiert den Sportsponsoringmarkt.

Wenig überraschend befindet sich in Deutschland der Fußball mit großem Abstand auf Platz eins der Rangliste, wenn es um die Frage geht, in welcher Sportart sich Sponsoren engagieren. In der Sponsor-Trend-Studie von Nielsen (2018a) gaben 63 Prozent der befragten Unternehmen an, sich (u. a.) für den Fußballbereich als Zielsportart für ihre Sponsorings entschieden zu haben. Auf Platz zwei folgt der Basketball (35 Prozent) knapp vor dem Laufsport (33 Prozent). Mit Blick auf frühere Erhebungen konnten diese Sportarten im Vergleich zum Fußball jedoch deutlich aufholen und ihre Attraktivität für Sponsoren in den letzten Jahren steigern.

Eine Übersicht der Bedeutung verschiedener Sportarten und deren relativer Häufigkeit von Sportsponsoringengagements durch Unternehmen ist in Abb. 2.3 ersichtlich.

Bedeutung verschiedener Sportarten für das Sportsponsoring

In welcher Sportart ist Ihr Unternehmen derzeit tätig?

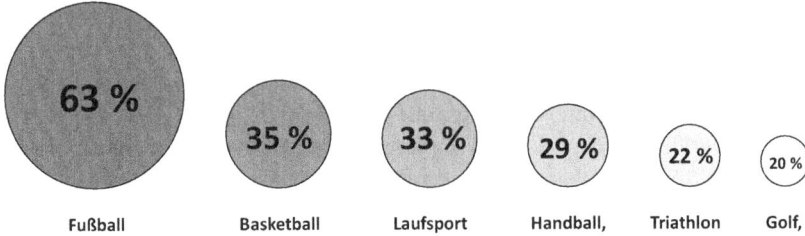

Abb. 2.3 Bedeutung verschiedener Sportarten für das Sportsponsoring (in Anlehnung an Nielsen, 2018a)

> **Hinweis**
>
> Wenig erstaunlich ist dabei, dass v. a. wegen der hohen Popularität und medialen Reichweite des Fußballs 75 Prozent des gesamten Sportsponsoringetats von Unternehmen in Deutschland im Umfeld der Sportart Fußball investiert werden (Nielsen, 2021). ◄

Lassen Sie uns jedoch nicht nur auf die Anzahl bzw. Häufigkeit der Engagements in gewissen Sportarten blicken, sondern auch einen Blick auf die entsprechenden Verteilungen der Sponsoringsummen werfen.

Dabei mag es durchaus überraschend erscheinen, dass trotz der relativ geringen Anzahl an Sponsoren, welche sich im Motorsportbereich engagieren, ein vergleichsweise hoher Anteil der gesamten Sportsponsoringausgaben diesem (Premium-)Sektor zuzuordnen ist. So fließen etwa 13 Prozent aller Ausgaben der Top 100 der Sportsponsoren in den Motorsport, nur 3 Prozent in den Basketball- und 2 Prozent in den Eishockeysport, wie die Ergebnisse der Studie „Sportsponsoren in Deutschland" von Nielsen (2021) zeigen, bei der über 9000 Sponsoringengagements in über 50 Sportarten analysiert und ausgewertet wurden. Diese Verteilung blieb über die vergangenen Jahre hinweg annähernd gleich und auch in Zukunft sind ähnliche Größenordnungen in der Aufteilung der Sponsoringgelder auf die einzelnen Sportarten zu erwarten.

2.2 Entwicklung und ökonomische Bedeutung des Sportsponsorings

Insgesamt steht jedoch fest, dass in Deutschland der Fußball die mit Abstand beliebteste Werbeplattform bei den größten Sportsponsoren in der Vergangenheit war, aktuell ist und voraussichtlich auch in naher Zukunft bleiben wird, auch wenn andere Sportarten teilweise aufholen. Dadurch wird die große Dominanz des Fußballs sowie das finanzielle Ungleichgewicht zwischen dem Fußball und den anderen Sportarten im Hinblick auf Sponsoringinvestitionen sehr deutlich.

Die prozentuale Verteilung der Ausgaben der Top 100 der Sportsponsoren nach Sportarten in Deutschland für die Jahre 2020/21 ist in Abb. 2.4 visualisiert.

Auch in Zukunft wird kaum davon auszugehen sein, dass die Dominanz und Beliebtheit des Fußballs als Sponsoringplattform abnehmen wird. Im Gegenteil: 97 Prozent der Experten, Entscheider und professionellen Beobachter aus der Sportszene bescheinigen in einer aktuellen Umfrage dem Fußball auch zukünftig großes Sponsoringpotenzial, was eng mit der gesellschaftlichen Omnipräsenz und immensen medialen Reichweite der Sportart zusammenhängt. Mit deutlichem Abstand folgten in der Potenzialschätzung die Sportarten Biathlon (73 Prozent), Handball (67 Prozent) sowie Motorsport und alpiner Skisport (jeweils 64 Prozent) (Stadionwelt, 2016; Sportsponsoring wird immer beliebter, 2021).

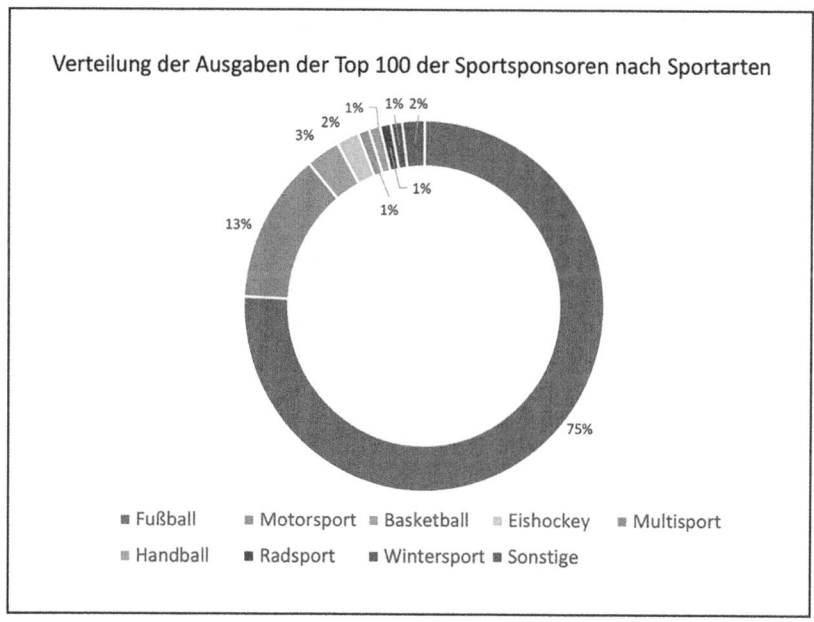

Abb. 2.4 Verteilung der Ausgaben der Top 100 der Sportsponsoren in Deutschland nach Sportarten (in Anlehnung an Nielsen, 2021)

Branchen

Nachdem wir uns angesehen haben, auf welche Sportarten sich die Sponsoringinvestitionen verteilen bzw. auf welche Sportarten die Investitionen von Sponsoren allokiert werden, wollen wir uns im nachfolgenden Abschnitt der Sponsorenseite näher widmen und analysieren, aus welchen Branchen sich Unternehmen am häufigsten als Sponsoren im Sport betätigen und welche Unternehmen hierbei die jeweils größten Sportsponsoren des Landes sind.

Betrachtet man das Sponsoringvolumen der Top 100 der Sportsponsoren in Deutschland, dann bringen Firmen aus der Branche „Verkehrsmittel und -einrichtungen" (darunter die großen Automobilhersteller, Fluggesellschaften und die Deutsche Bahn) mit etwa 30 Prozent den größten Anteil am gesamten Sponsoringvolumen auf. Dahinter folgen mit je 15 Prozent die Branchen „Finanzen" sowie „Freizeit und Sport" (Repucom, 2015). Eine entsprechende Übersicht der Branchen im Sportsponsoring finden Sie hierzu in Abb. 2.5.

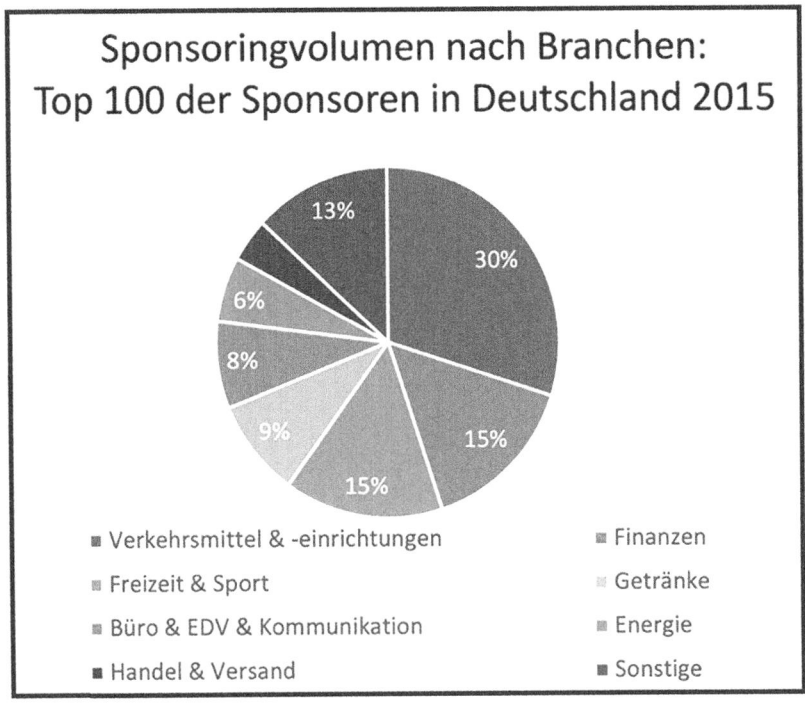

Abb. 2.5 Sponsoringvolumen nach Branchen (Top 100 der Sponsoren) in Deutschland 2015 (in Anlehnung an Repucom, 2015)

2.2 Entwicklung und ökonomische Bedeutung des Sportsponsorings

Zudem zeigen Analysen, dass der Sportartikelhersteller Adidas mit seinen Engagements u. a. beim Deutschen Fußball-Bund (DFB) und dem deutschen Rekordmeister FC Bayern München das Ranking der größten Sportsponsoren anführt. Auf Platz zwei folgt die Deutsche Telekom vor den Automobilherstellern Volkswagen, Daimler/Mercedes-Benz und Audi. Bemerkenswert ist zudem der Einstieg des Softwareherstellers SAP in das Sportsponsoring. SAP verneunfachte in kürzester Zeit seine Sponsoringausgaben im Sport und taucht damit zum ersten Mal in den Top 15 auf. So ist SAP seit 2013 u. a. Partner des DFB, seit der Saison 2014/2015 ebenfalls Partner des FC Bayern München und unterstützt bereits seit Längerem die TSG 1899 Hoffenheim (Repucom, 2015; WuV, 2015).

Übung 2.4

Informieren Sie sich über das Sportsponsoringportfolio von SAP und verschaffen Sie sich einen Überblick, welche Sportarten, Vereine, Verbände und Veranstaltungen der Softwarehersteller unterstützt. ◄

Exkurs und Praxisbeispiele: Fußball-Bundesliga, Borussia Dortmund, FC Bayern München, FC St. Pauli und Würzburger Kickers

Lassen Sie uns nun einen kleinen Exkurs und tieferen Einblick in das Sponsoring in der Fußball-Bundesliga wagen.

Sicherlich ist Ihnen der ein oder andere Trikotsponsor eines Fußball-Bundesligaclubs bekannt. Welche fallen Ihnen als Erstes ein? Haben Sie jedoch auch eine grobe Vorstellung, welche Summen Unternehmen in der Praxis bereit sind, z. B. für die Platzierung ihres Markenlogos auf der Brust der Spieler zu bezahlen?

Die Tab. 2.2 liefert u. a. einen Überblick der Sponsoringsummen, welche die Trikotsponsoren der Fußball-Bundesligisten in der Saison 2021/22 an die jeweiligen Clubs bezahlen.

Des Weiteren ist der jeweilige Sponsor sowie die Laufzeit ersichtlich. An der Spitze steht dabei der VfL Wolfsburg mit seinem Trikotsponsor Volkswagen und einer Sponsoringsumme von 70 Millionen Euro pro Saison. Die Laufzeit des Vertrages ist zudem aufgrund der engen Verbundenheit des Vereins mit dem Automobilhersteller auf unbefristete Zeit angelegt. An Nummer zwei mit einer Sponsoringsumme von 45 Millionen Euro pro Saison für das Telekom-Logo auf ihrer Brust folgt sodann der FC Bayern München vor dem Club Borussia Dortmund, der 35 Millionen Euro pro Saison durch Trikotsponsoring erhält.

Mit Blick auf die Liste der Trikotsponsorships fällt auf, dass Borussia Dortmund hierbei einen Sonderweg gewählt hat und nicht nur ein, sondern gleich zwei verschiedene Unternehmen als Trikotsponsoren in ihrem Portfolio hat. Lesen Sie

Tab. 2.2 Trikotsponsorships in der Fußball-Bundesliga in der Saison 2021/22 (in Anlehnung an Kicker, 2021)

Verein	Sponsor 2021/22	Sponsor 2020/21	Einnahmen	Laufzeit
VfL Wolfsburg	Volkswagen	Volkswagen	70 Mio. €	unbefristet
FC Bayern	Telekom	Telekom	45 Mio. €	2023
Borussia Dortmund	1&1 und Evonik*	1&1 und Evonik*	zusammen 35 Mio. €	2025
RB Leipzig	Red Bull	Red Bull	35 Mio. €	2023
VfB Stuttgart	Mercedes-Benz-Bank	Mercedes-Benz-Bank	10 Mio. €**	2023
Borussia M'Gladbach	Flatex	Flatex	9 Mio. €	2023
Hertha BSC	Autohero	Homeday	8 Mio. €	2023
1. FC Köln	Rewe	Rewe	7,5 Mio. €	2022
Eintracht Frankfurt	Indeed	Indeed	7 Mio. €	2023
Bayer 04 Leverkusen	Barmenia	Barmenia	6 Mio. €	2024
TSG Hoffenheim	SAP	SAP	5,5 Mio. €	2025
FC Augsburg	WWK	WWK	4,2 Mio. €***	2030
1. FSV Mainz 05	Kömmerling	Kömmerling	4 Mio. €	2023
SC Freiburg	Schwarzwaldmilch	Schwarzwaldmilch	3 Mio. €	2022
Union Berlin	Aroundtown	Aroundtown	2,5 Mio. €	2022
Arminia Bielefeld	Schüco	Schüco	2,5 Mio. €	2023
VfL Bochum	Vonovia	Tricorp	2,5 Mio. €	2023
SpVgg Greuther Fürth	Hofmann Personal	Hofmann Personal	unbekannt	mind. 2022

* 1&1 bei Bundesligaspielen, Evonik bei Spielen im DFB-Pokal und der Champions League
** inklusive Ärmelsponsoring
*** inklusive Namensrechten am Stadion

2.2 Entwicklung und ökonomische Bedeutung des Sportsponsorings

den nachfolgenden Artikel und erfahren Sie, was die Besonderheit des gewählten Sponsoringmodells ist und welche Beweggründe seitens des Vereins sowie der Unternehmen dahinterstecken.

Beispiel 2.5: SPIEGEL-Artikel zum neuen Sponsoringmodell von Borussia Dortmund (20.02.2020)

Neues Sharing-Modell: Borussia Dortmund bekommt zweiten Trikotsponsor

1&1 und Evonik als die beiden Triktotsponsoren von Borussia Dortmund (BVB, 2020)

Evonik wird beim BVB bald nur noch in den Pokalwettbewerben die Brust zieren. In der Bundesliga wirbt der Klub mit einem anderen Hauptsponsor. Das hat es im deutschen Profifußball noch nicht gegeben.

Der Fußball-Bundesligist Borussia Dortmund wird ab der kommenden Saison ein neues Sponsoring-Modell einführen und in verschiedenen Wettbewerben mit unterschiedlichen Trikotsponsoren auflaufen. Das gab der Klub bekannt. In der Champions League und im DFB-Pokal wird weiterhin der Essener Chemiekonzern Evonik auf der Brust der BVB-Profis zu sehen sein, in der Bundesliga wird das Kommunikationsunternehmen 1&1 als weiterer Hauptsponsor die Werbefläche auf dem Trikot übernehmen.

Dass ein Fußball-Klub in verschiedenen Wettbewerben mit unterschiedlicher Trikotwerbung aufläuft, ist im deutschen Profifußball kein Novum. Dass sich zwei unterschiedliche Unternehmen den Platz teilen, hingegen schon.

Dortmunds Geschäftsführer Hans-Joachim Watzke nannte den Schritt einen „Meilenstein auf dem Weg der wirtschaftlichen und damit auch sportlichen Weiterentwicklung des BVB". Der Klub steigert mit dem Split-Modell seine jährlichen Einnahmen aus dem Trikotsponsoring.

Evonik ist seit 2006 Hauptsponsor der Borussia, 2014 wurde die Zusammenarbeit bis 2025 verlängert. Bislang überwies der Konzern dem Klub jährlich bis zu 20 Millionen Euro für seine exklusive Präsenz als Trikotsponsor. Nach Informationen des SPIEGEL wird der Vertrag zwischen dem BVB und Evonik angepasst, die Unterstützung für den Klub soll ab der neuen Saison um die Hälfte reduziert werden und damit bis zu rund zehn Millionen Euro jährlich betragen. „In Deutschland ist der BVB fest in der Liga-Spitze etabliert und unsere Marke auch deshalb sehr bekannt", sagte Evonik-Chef Christian Kullmann dem Sport-Informations-Dienst (SID). Der Konzern wolle sich nun stärker auf die internationale Präsenz fokussieren. 1&1 sicherte sich die Werbepräsenz auf dem deutschen Markt und soll Bundesliga [sic] Dortmund dafür Berichten zufolge erfolgsabhängig pro Jahr 12 bis 15 Millionen Euro zahlen. (BVB, 2020; Neues Sharing-Modell: Borussia Dortmund bekommt zweiten Trikotsponsor, 2020) ◄

Betrachtet man darüber hinaus die Historie der gesamten Einnahmen aus dem Trikotsponsoring in der Fußball-Bundesliga, so ist eine nahezu stetige und rasante wachsende Entwicklung in den letzten 20 Jahren ersichtlich.

Waren es in der Saison 2000/01 noch ca. 70 Millionen Euro, stiegen die Einnahmen auf 119 Millionen Euro in der Saison 2010/11 und kletterten in der Saison 2020/21 sogar auf einen Betrag von mehr als 274 Millionen Euro (Abb. 2.6).

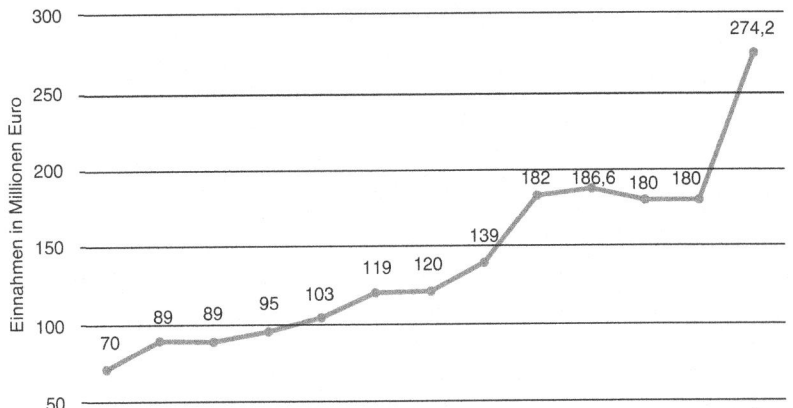

Abb. 2.6 Einnahmen aus dem Trikotsponsoring in der Ersten Fußball-Bundesliga von der Saison 2000/01 bis zur Saison 2020/2021 (in Anlehnung an Nielsen, SID und ISP, 2020)

2.3 Beteiligte Akteure im Sportsponsoring

Nachdem wir auf Basis zahlreicher Studien, Praxisbeispiele und Grafiken ein tieferes Verständnis erlangt haben, welche Summen und Größenordnungen im Sportsponsoring investiert werden und welche Sportarten und Branchen die bedeutendsten im Sportsponsoring sind, wollen wir uns nachfolgend näher mit den beteiligten Akteuren im Sportsponsoring beschäftigen.

Wie wir wissen, basiert das Sportsponsoring in erster Linie auf einer vertraglichen Übereinkunft zwischen mindestens zwei Beteiligten, nämlich dem Sponsor und dem Gesponserten. Zentraler Bestandteil dieser Vereinbarung ist dabei die durchzuführende Transaktion (Geld-, Sach- oder Dienstleistungen gegen kommunikative Nutzungsrechte) – Stichwort Reziprozität. Vor dem Hintergrund der Umsetzung von Sponsoringverträgen kommen im Gesamtgefüge jedoch typischerweise weitere Beteiligte hinzu: die Zielgruppen der Sponsoren, das Publikum des Gesponserten, die Medien und ihre Nutzer sowie die Sponsoring-Dienstleister (Hermanns & Marwitz, 2008, S. 52 f.). Eine schematische Darstellung des Beziehungsgeflechts der verschiedenen Akteure im Sportsponsoring wird in Abb. 2.7 ersichtlich.

Die einzelnen Akteure können dabei wie folgt näher beschrieben werden (Nufer & Bühler, 2013, S. 274 f.).

Die Sponsoren
Typische Sportsponsoren sind klassische For-Profit-Organisationen, also kommerzielle Unternehmen. Waren es zu Beginn der Entwicklung des Sportsponsorings tendenziell eher große Unternehmen und Konzerne, welche das Instrument des Sportsponsorings für sich nutzten, so hat das Sportsponsoring mittlerweile auch unabhängig von der jeweiligen Unternehmensgröße Einzug in die übliche Marketingkommunikation der Firmen genommen.

Die Zielgruppe des Sponsors
Unter den Zielgruppen des Sponsors sind die definierten Zielgruppen des Unternehmens, die mithilfe der Marketingkommunikation angesprochen werden sollen, zu verstehen. Das Instrument Sportsponsoring wird dabei zur Ansprache genutzt, um die erwünschten Wirkungen zu erreichen.

Das Publikum des Gesponserten
Das Publikum des Gesponserten (z. B. die Zuschauer eines Fußballspiels) wird durch die gezielten kommunikativen Maßnahmen des Sponsors (z. B. Trikot- oder Bandenwerbung) unmittelbar angesprochen und erreicht.

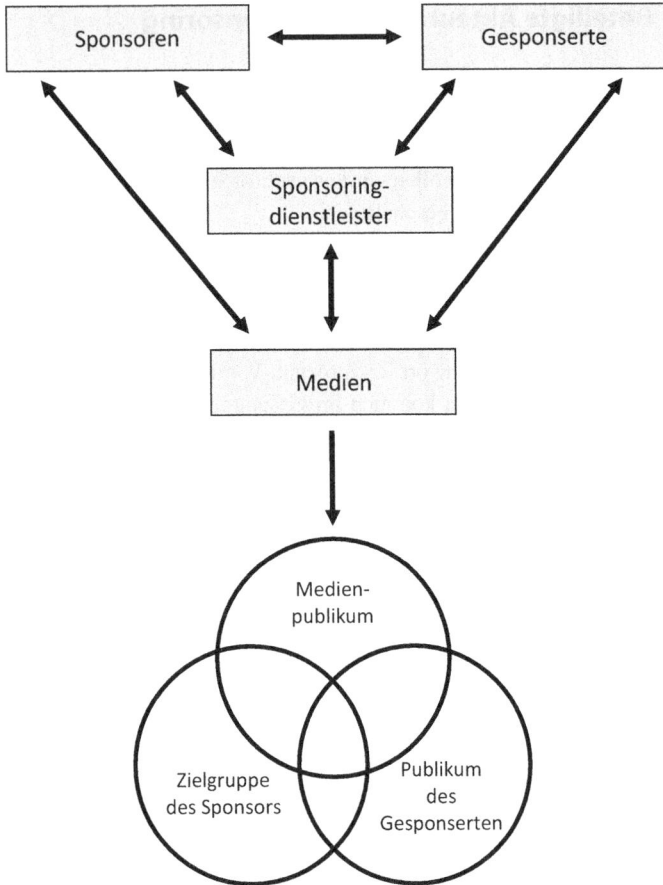

Abb. 2.7 Beziehungsgeflecht und Kommunikationsbeziehungen im Sponsoring (in Anlehnung an Hermanns & Marwitz, 2008, S. 52; Püttmann, 1993, S. 660)

Die Medien und das Medienpublikum
Die Medien befassen sich in ihrer redaktionellen Arbeit mit dem Thema Sport und verbreiten Informationen und Nachrichten darüber bzw. übertragen beispielsweise auch gewisse Sportereignisse in die Wohnzimmer ihrer Zuschauer. Die kommunikativen Maßnahmen des Sponsors erreichen damit zusätzlich auch diese Mediennutzer.

2.3 Beteiligte Akteure im Sportsponsoring

Fernseh- und auch Streaminganbieter als jeweilige Übertragungspartner der Sportinhalte an das Publikum machen als Käufer von Übertragungsrechten (z. B. an Fußball-Weltmeisterschaften oder den Olympischen Spielen) das Sponsoring an sich und auch für die Sponsoren noch interessanter. Bzw. anders formuliert: Ohne den Einsatz von Massenmedien und die damit verbundene weitreichende Übertragung von Sportereignissen würden viele Sponsorships erst gar nicht eingegangen werden. Die Übertragung von Sportereignissen in gewissen Medien generiert einen Mehrwert für das jeweilige, dort sichtbare Sponsoring und bewirkt somit einen höheren Preis für das jeweilige Sponsoringengagement.

Sportsponsoring-Dienstleister
Zu den Sportsponsoring-Dienstleistern zählen u. a. Sponsoringberater und Sponsoringagenturen. Sponsoringberater üben beratende Tätigkeiten für Sponsoren, aber auch Gesponserte aus oder übernehmen eine Maklerrolle, sozusagen als Vermittler zwischen diesen Parteien. Unter Sponsoringagenturen sind wirtschaftliche Dienstleistungsorganisationen zu verstehen, die primär für Sponsoren, aber auch für Gesponserte (z. B. in der Aktivierung und Umsetzung der Partnerschaft) tätig werden.

Kommen wir nun von der theoretischen Betrachtung der Akteure im Sportsponsoring zur Praxis und schauen uns an, welche relevanten Vereinigungen und Verbände in diesem Bereich des Sportsponsorings aktiv sind.

Interessenvereinigungen und Fachverbände im Sportsponsoring
Trotz der Gemeinsamkeit der Hauptakteure, möglichst viele Personen für die eigenen Angebote begeistern zu wollen, gibt es zwischen ihnen auch wesentliche Unterschiede und teilweise stark divergierende Interessen. Da es dabei oftmals schwierig ist, Interessen einzeln zu vertreten und durchzusetzen, haben sich – wie in anderen Branchen – auch in diesem Bereich zahlreiche Interessenvereinigungen und Fachverbände etabliert.

Die älteste Organisation ist hierbei der Fachverband für Sponsoringagenturen und Dienstleister e. V. (**FASPO**). Der FASPO verstand sich hierbei anfangs als Sprachrohr für die gesamte Sponsoringbranche. Dies änderte sich jedoch im Laufe der Zeit, sodass sich der FASPO heutzutage als Interessensvertretung der Dienstleister innerhalb des Sponsoringmarkts der DACH-Region versteht. Daneben haben sich auch weitere Organisationen gegründet.

Ursprünglich waren auch Sponsoren Mitglieder des FASPO. Das änderte sich jedoch mit der Gründung der Sponsorenvereinigung „**S20 e. V.**", in der sich seit 2006 die größten deutschen Sportsponsoren zusammengeschlossen haben und ihre Interessen in dieser eigenen Organisation bündeln. Daneben gründete sich als Ge-

genpol bzw. Pendant zur S20 die Vereinigung der Sportsponsoringanbieter („**VSA e.V.**"), welche sich als Interessensvertretung der Inhaber von Sponsoringrechten und deren Vermarktungsagenturen sieht.

Daneben muss noch die **IPD** – die „Initiative Profisport Deutschland" – genannt werden, unter der sich die vier großen deutschen Sportligen (Fußball (DFL), Basketball (BBL), Eishockey (DEL) und Handball (HBL)) zusammengeschlossen haben, um ihre Interessen vor allem gegenüber der Politik zu vertreten.

Im Jahr 2017 gründete sich zudem die Initiative „**Teamsport Deutschland**" aus den vier großen Teamsportverbänden Basketball (DBB), Eishockey (DEB), Fußball (DFB) und Handball (DHB).

Auf internationaler bzw. europäischer Ebene gibt es außerdem noch länderübergreifende Vereinigungen, welche sich u. a. aus wissenschaftlicher Sicht dem Thema Sportsponsoring widmen. So veranstaltet z. B. die European Association for Sport Management (**EASM**) einmal jährlich eine Jahrestagung und diskutiert dabei u. a. neueste Erkenntnisse aus der Sportsponsoringforschung. Die European Sponsorship Association (**ESA**) versteht sich hingegen als Interessenvereinigung für alle Sponsoringformen und -akteure in Europa. Als Businessplattform für die DACH-Länder hat sich seit 1994 die Europäische Sponsoring Börse (die seit 2014 den Namen **ESB Marketing Netzwerk** trägt) etabliert. Daneben widmet sich das Magazin **SPONSORS** vorrangig Sponsoringthemen im Sport und veranstaltet jährlich den „SPOBIS", das alljährliche Forum zum Thema Sportbusiness und Sportsponsoring in Deutschland.

Beispiel 2.5

Der FASPO – Fachverband für Sponsoring-Agenturen und Dienstleister e.V. ist der Dachverband der deutschen Sponsoringindustrie und verfolgt das Ziel der Professionalisierung und Profilierung des Marketing-Kommunikationsinstruments Sponsoring.

Der FASPO vergibt jährlich den „International Sponsoring Award" in den Kategorien Sport-, Kultur-, Medien- und Public-Sponsoring. Zusätzlich wird ein Sonderpreis für innovative Lösungen und Kreativität im Sponsoring ausgelobt.

Zu seinem zehnjährigen Bestehen gründete der FASPO zudem 2006 die „Hall of Fame des Sponsorings", in die zunächst Pioniere der frühen Jahre berufen wurden. Ab 2007 werden auch aktuelle persönliche Engagements mit der Aufnahme gewürdigt, darunter u. a. Persönlichkeiten wie Franz Beckenbauer, Uli Hoeneß und der Sponsoringforscher Manfred Bruhn.

Nachfolgend finden Sie zudem einen Artikel zu den Hintergründen und Preisträgern des International Sponsoring Awards im Jahr 2017: https://www.horizont.net/marketing/nachrichten/Award-Faspo-kuert-die-besten-Sponsoring-Projekte-des-Jahres-163039. ◀

2.3 Beteiligte Akteure im Sportsponsoring

Das Magische Dreieck des Sportsponsorings

Aus makroökonomischer Perspektive kann das Phänomen Sportsponsoring am besten anhand des sogenannten „**Magischen Dreiecks des Sportsponsorings**" (Walzel & Schubert, 2018, S. 25) dargestellt und erklärt werden.

Bruhn entwickelte das Magische Dreieck des Sportsponsorings, in dem er die in Abb. 2.8 dargestellten Fragestellungen veranschaulichte.

Doch wie sehen nun die Konstellation, die Rollen und das Zusammenspiel der Akteure im Magischen Dreieck des Sportsponsorings aus? (Abb. 2.9)

WER sagt	Sponsor
WAS und fördert	Kommunikationsbotschaft
WEN unter	Gesponserter
WELCHEN BEDINGUNGEN mit	Sponsoring-Budget
WELCHEN MAßNAHMEN über	Sponsoring-Mix
WELCHE KANÄLE zu	Medien, Kommunikationsträger
WEM mit	Zielgruppen, Zielperson
WELCHEN WIRKUNGEN	Kommunikationswirkung

Abb. 2.8 Fragestellungen zur Entwicklung des Magischen Dreiecks des Sportsponsorings

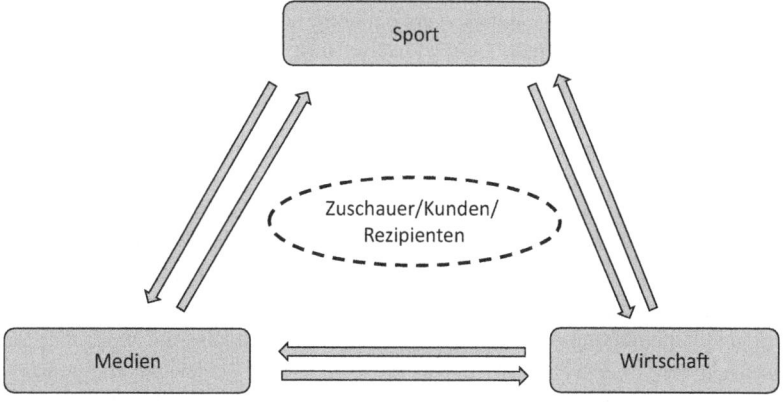

Abb. 2.9 Das „Magische Dreieck des Sportsponsorings" (in Anlehnung an Walzel & Schubert, 2018, S. 26; Bruhn, 2018, S. 18)

Die Eckpunkte im „Magischen Dreieck des Sportsponsorings" bilden dabei der Sport, vorwiegend in der Rolle des Gesponserten, die Wirtschaft, die vorrangig als Sponsor auftritt, und die Medien, die mit ihrer Berichterstattung über den Sport eine bedeutende Multiplikatorenrolle einnehmen.

Im Mittelpunkt des Dreiecks stehen die Zuschauer, die zugleich den Fokus und die zentrale Zielgröße der übrigen Stakeholder bilden. Das Besondere dabei ist, dass die Zuschauer nicht nur als reine Konsumenten des sportlichen Ereignisses zu sehen sind, sondern zugleich auch aktuelle bzw. potenzielle Kunden der Sponsoren darstellen sowie aktuelle bzw. zukünftige Rezipienten der Medien sind. Alle drei Hauptakteure (Sport, Wirtschaft und Medien) verfolgen dabei das Ziel, möglichst viele Personen für ihr jeweiliges Angebot zu gewinnen. Idealerweise überschneiden sich die Interessen, sodass dieser Personenkreis zum einen sowohl Zuschauer des sportlichen Ereignisses ist, zugleich Produkte oder Dienstleistungen des Sponsors in Anspruch nimmt und auch regelmäßig Sportberichterstattung über die Medien, d. h. Fernsehsender oder Zeitschriften, konsumiert. Je mehr Zuschauer sich daher im Allgemeinen für eine Sportart oder im Speziellen für ein gewisses Sportereignis interessieren, desto höher ist auch das Interesse der jeweiligen Sponsoren und der Medien daran (Bruhn, 2010, S. 27).

Dadurch, dass zwischen den Akteuren verschiedenste Leistungen ausgetauscht werden, entstehen gewisse Abhängigkeitsverhältnisse. Zum Beispiel gewährt der Sport den Wirtschaftsvertretern bestimmte kommunikative Rechte und verpflichtet sich gleichzeitig dazu, gewisse Geld-, Sach- und/oder Dienstleistungen zu erbringen, welche für die Erstellung des Sportangebots von Wichtigkeit sind.

Der Leistungsaustausch zwischen Sport und Medien gestaltet sich in der Art, dass der Sport den Medien gewisse (exklusive) Rechte für die Übertragung und Berichterstattung über ein Sportereignis einräumt und im Gegenzug in der Regel gewisse Geldleistungen erhält. Dieses Phänomen ist vor allem bei publikumswirksamen Sportarten und -events ersichtlich (z. B. Übertragungsrechte für Formel-1-Rennen oder Fußball-Bundesligaspiele). Dahingegen gewähren Sportarten und Veranstaltung mit üblicherweise geringerem Publikumsinteresse meist kostenlosen Zugang für Medienvertreter und Berichterstatter. Unter gewissen Umständen sind einzelne Sportorganisationen wie Veranstalter, Ligen oder Verbände durchaus dazu bereit, sich an den Produktionskosten für z. B. eine Live-TV-Übertragung zu beteiligen, da die Medien eine sehr wichtige Multiplikatorenfunktion im Sinne der Verbreitung der Sponsoringbotschaften einnehmen. Durch die mediale Berichterstattung und Übertragung von Sportereignissen kann oftmals ein Vielfaches der Zuschauer vor Ort erreicht werden, was insbesondere für die jeweiligen Sponsoren attraktiv ist, und damit können signifikant höhere Sponsoringpreise für Sportorgani-

sationen erzielt werden. Daher erscheint es für Sportorganisationen oft wirtschaftlich sinnvoll und logisch, sich an den Produktionskosten zu beteiligen, wenn dadurch ein Vielfaches an Sponsorengeldern generiert werden kann.
Zwischen den Medien und der Wirtschaft erfolgt ein Leistungsaustausch in dem Sinne, dass die Medien Unternehmen Werbemöglichkeiten im Umfeld der Sportberichterstattung anbieten, um dadurch u. a. die Kosten für den Kauf der Übertragungsrechte zu refinanzieren bzw. nötige Produktionskosten abdecken zu können.

> **Hinweis**
>
> Insgesamt kann somit festgehalten werden, dass das Potenzial des Sportsponsorings nur im gemeinsamen Zusammenspiel der drei Hauptakteure optimal ausgeschöpft werden kann und schlussendlich zum Vorteil des Sports, der Wirtschaft und Medien ist (Walzel & Schubert, 2018, S. 26). ◄

2.4 Motive und Ziele des Sportsponsorings

Sie mögen sich dabei fragen, aus welchen Motiven und Beweggründen bzw. mit welchen Absichten und Zielen sowohl der Sponsor als auch der Gesponserte ein Sponsoringengagement überhaupt eingehen. Lassen Sie uns dieser Frage im nachfolgenden Abschnitt näher auf den Grund gehen.

▶ Grundsätzlich lässt sich sagen, dass aus der Sicht des Sponsors das Sponsoring ein Instrument der **Marketing- und Unternehmenskommunikation** darstellt. Aus Sicht des Gesponserten handelt es sich dagegen meist um eine lukrative Möglichkeit der **Finanzierung bzw. des Beschaffungsmarketings** sowie um ein **Instrument der Distribution und Öffentlichkeitsarbeit** (Hermanns & Marwitz, 2008, S. 59).

Darüber hinaus kann mit Blick auf den Sponsor zwischen **ökonomischen** und **nicht ökonomischen**, d. h. zumeist **psychologischen** Zielen unterschieden werden, die mit einem Sponsoring verfolgt werden. Die Ziele leiten sich meist aus den übergeordneten **Marketing- und Kommunikationszielen** des sponsernden Unternehmens ab. Für eine erfolgreiche Sponsoringpartnerschaft ist es zudem essenziell, dass sowohl der Gesponserte als auch der Sponsor ihre jeweiligen Ziele vorab klar definieren und im Rahmen der Partnerschaft gemeinsam verfolgen.

2.4.1 Psychologische (nicht ökonomische) Sponsoringziele

Oftmals stehen psychologische Sponsoringziele im Mittelpunkt einer Sponsoringpartnerschaft. Dabei lassen sich drei Arten von psychologischen Sponsoringzielen von Unternehmen unterscheiden, nämlich **kognitive, affektive und konative Wirkungsziele**, welche anhand der Wirkungskette des Sportsponsorings dargestellt werden können und in der Praxis meist in dieser Reihenfolge chronologisch aufeinander folgen (Abb. 2.10).

Kognitive Wirkung
Die kognitive Wirkung eines Sportsponsorings bezieht sich auf die Aspekte der Wahrnehmung, der Erinnerung und des Images bzw. der Einstellung (Cornwell et al., 2005; Hermanns & Marwitz, 2008).

Als **kognitives Ziel** eines Sponsorings kann damit in erster Linie die **Verbesserung bzw. Steigerung des Bekanntheitsgrades** des Unternehmens bzw. einer assoziierten Marke gesehen werden, wofür sich aufgrund der breiten Medienresonanz oftmals Sportsponsoringmaßnahmen bei großen Sportevents wie z. B. bei Weltmeisterschaften oder das Sponsoring berühmter Einzelsportler oder Mannschaften eignen.

Im Rahmen eines Sponsorings kann es jedoch auch schwierig werden, weitere Ziele zu erreichen, die über die Bekanntheitssteigerung hinausgehen, und gewisse Botschaften, Informationen und Details, wie etwa zu spezifischen Verwendungsmöglichkeiten eines Produktes, zu transportieren. Grund dafür ist, dass bei den meisten Ausprägungen des Sportsponsorings lediglich das Logo bzw. der Marken- oder Firmenname prominent in Erscheinung tritt (wie z. B. oftmals auf dem Trikot von Fußballmannschaften oder auf Rückwänden bei Pressekonferenzen) und in diesem Zuge keine weiteren Werbebotschaften oder sonstige, differenzierte Aussagen übermittelt werden können. Deshalb ist Sportsponsoring oftmals besonders gut für Unternehmen, Produkte und Marken geeignet, welche bereits über ein gewisses (Mindest-)Maß an Bekanntheit verfügen (Bruhn, 2018, S. 141).

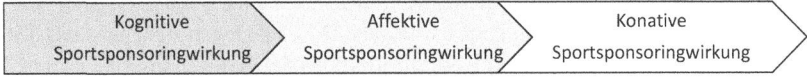

Abb. 2.10 Wirkungskette des Sportsponsorings (in Anlehnung an Walzel & Schubert, 2018, S. 77)

2.4 Motive und Ziele des Sportsponsorings

Affektive Wirkungen
Zu den nachgelagerten, affektiven (d. h. gefühlsbetonten) Wirkungen zählen u. a. Sympathien, Präferenzen und Emotionen (Cornwell et al., 2005, S. 42). Es handelt sich dabei vor allem um emotionale Ziele, die das Sportsponsoring beim Rezipienten mit Blick auf den Sponsor bewirkt. Damit können bestimmte Emotionen oder Sympathien mit einer Marke hervorgerufen werden oder auch eine Abgrenzung zu anderen Produkten und Firmen erfolgen. Im Optimalfall bildet sich beim Konsumenten dabei eine Präferenz bzgl. des Kaufs von Produkten des Sponsors heraus.

Mit Blick auf die **affektiven Ziele des Sportsponsorings** steht daher meist die **Imageprofilierung** im Vordergrund, welche auf dem Prinzip des **Imagetransfers** vom Gesponserten auf den Sponsor beruht. Ein Sponsor erhofft sich dabei, dass die positiv assoziierten Merkmale, Eigenschaften, Leistungen oder Erfolge eines Gesponserten auf den Sponsor transferiert bzw. in der Wahrnehmung der Konsumenten auf das sponsernde Unternehmen und/oder deren Marke übertragen werden. Bei einer langfristigen Bindung eines Unternehmens bzw. einer Marke an eine Sportart, einen Sportler, eine Mannschaft oder eine Veranstaltung kann man davon ausgehen, dass die Imagedimensionen der gesponserten Einheit auf den Sponsor übergehen (Mattmüller & Oettgen, 2008, S. 288). So versuchen z. B. zahlreiche Automobilhersteller im Rahmen ihrer Sponsoringengagements im Motorsport das Image der Technologiekompetenz auf ihre Produkte zu transferieren.

Konative Wirkungen
Konative Wirkungen beziehen sich auf Verhaltensabsichten und das tatsächliche Verhalten des Kunden. Die stärkste Aussagekraft hat in diesem Zusammenhang das **tatsächliche Kaufverhalten** z. B. in Form eines Erst- oder Probekaufs.

Als klassisches **konatives Ziel im Bereich des Sportsponsorings** kann auch die Absicht der **Kundenbindung** gesehen werden. Insbesondere das Sportsponsoring eignet sich zur Zielerreichung sehr gut, da werbliche Botschaften meist im Rahmen einer sehr positiven Umgebung und Atmosphäre präsentiert werden können und aufgrund der Beeinflussung von Enthusiasmus, Emotion und Vergnügen mit weniger Reaktanz aufgenommen werden (Bruhn, 2018, S. 141).

Typische psychologische (nicht ökonomische) Sponsoringziele sind damit
- Steigerung/Maximierung des Bekanntheitsgrades des Unternehmens, einer Marke, eines Produktes oder einer Dienstleistung
- Imageverbesserung/-profilierung

- Akzeptanz in der Bevölkerung erhöhen
- Demonstration von gesellschaftlicher Verantwortung
- Dokumentation von Verbundenheit mit der Region
- gezielte Ansprache von Unternehmenszielgruppen
- Präsenz in den Medien
- Produktdemonstration
- Demonstration von Dienstleistungen
- Mitarbeitermotivation
- Kontaktpflege mit externen Zielgruppen des Unternehmens (z. B. Händler, Medienvertreter, Politik, Vertriebspartner)
- Personalrekrutierung

2.4.2 Ökonomische Sponsoringziele

Neben psychologischen Zielen verfolgen Unternehmen mit dem Sponsoring fast immer (auch) ökonomische Marketingziele wie z. B. Gewinn- oder Umsatzsteigerungen.

Für Branchen bzw. Unternehmen, die unmittelbar mit dem Sport verbunden sind (z. B. Sportbekleidungs- oder Sportartikelhersteller), bzw. Firmen, die direkt oder indirekt mit dem jeweiligen Förderbereich in Verbindung stehen, haben die wirtschaftlichen Ziele im Sportsponsoring eine besondere Bedeutung.

Denn durch Siege gesponserter Athleten lassen sich beispielsweise oftmals unmittelbare Absatzsteigerungen der jeweilig gesponserten Artikel des Sportlers beobachten. So führt ein erfolgreiches Abschneiden des Tennisprofis Roger Federer bei großen Turnieren regelmäßig zu erhöhten Verkaufszahlen bei Wilson-Tennisschlägern, d. h. bei seinem Sponsoringpartner für Ausrüstung und Schläger. Ähnliche Zusammenhänge sind auch im Hinblick auf gesponserte Bekleidung, Accessoires und Trikots in anderen Sportarten zu beobachten sowie auch für Markenhersteller in anderen Bereichen wie Erfrischungsgetränke und Ernährung, die Spitzensportler oder Veranstaltungen sponsern, die über eine breite mediale Wirkung verfügen und für die die entsprechenden Sportler mit einem sympathischen Image auftreten. Als weiteres Beispiel zur kurzfristigen Erreichung ökonomischer Ziele im Rahmen eines Sponsoringengagements ist der zusätzliche Einsatz von Promotionaktionen mit gesponserten Sportlern am Point of Sale zu nennen (Bassenge, 2000, S. 77).

2.4 Motive und Ziele des Sportsponsorings

Typische ökonomische Sponsoringziele sind somit
- Umsatz-/Gewinnsteigerung
- Erhöhung des Marktanteils
- Neukundengewinnung
- Generierung von Kundeninformationen
- Geschäft mit dem Handel ankurbeln (Retailgeschäft)
- Abverkauf fördern/Probierkäufe generieren

In Abb. 2.11 sind sowohl die Ziele von Unternehmen im Sportsponsoring im Vergleich zum allgemeinen Sponsoring dargestellt als auch die relative Bedeutung unterschiedlicher Ziele für Unternehmen ersichtlich.

> **Hinweis**
>
> Die primären Treiber eines Sportsponsoringengagements bei Unternehmen sind **Image- und Bekanntheitsziele**. Dahinter steckt der zunehmende Trend, Marken über das Sponsoring zu emotionalisieren und Markenbotschaften zu kommunizieren (Nielsen, 2018a). ◄

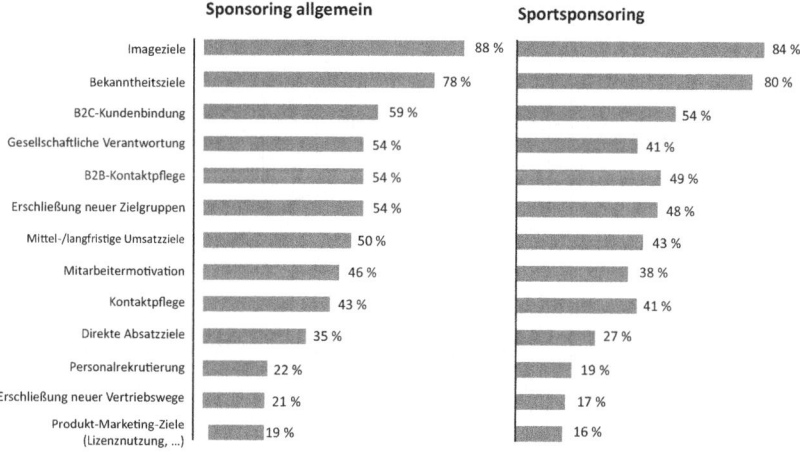

Abb. 2.11 Ziele im (Sport-)Sponsoring (in Anlehnung an Nielsen, 2018a)

2.4.3 Sponsoringziele im Zeitverlauf

Neben den kurzfristig angestrebten Zielen, wie etwa der Steigerung des Bekanntheitsgrades einer Marke oder eines Produktes durch Sportsponsoring, spielen auch mittel- und langfristige Ziele eine wichtige Rolle bei der Auswahl und Gestaltung von Sponsoringpartnerschaften. Hierbei ergeben sich bei der Betrachtung der ökonomischen und psychologischen Ziele im Zeitverlauf die in Abb. 2.12 aufgezeigten Zusammenhänge.

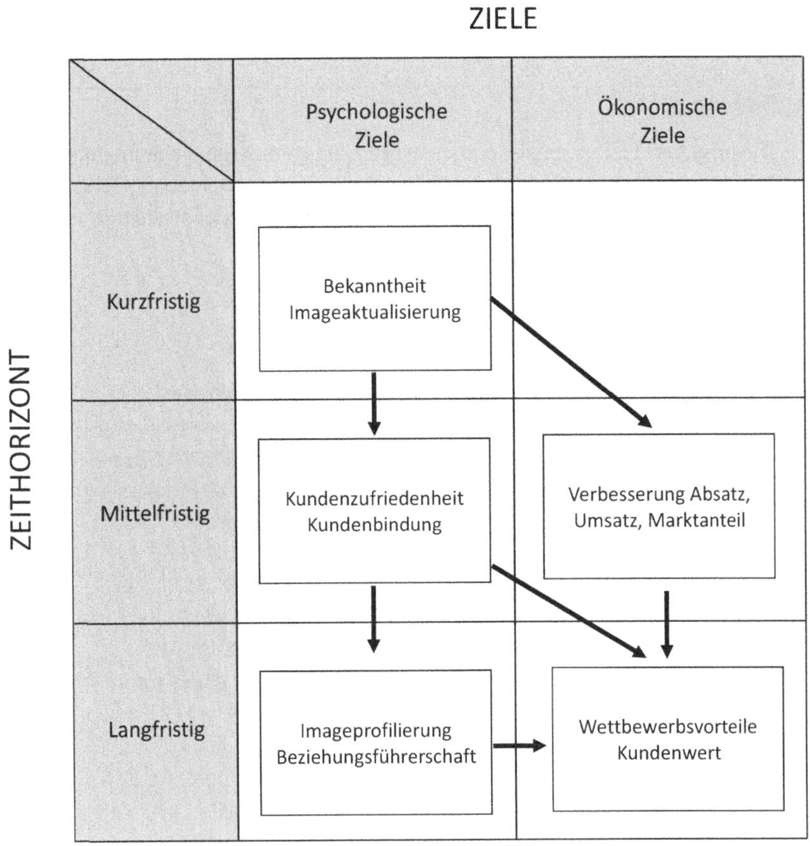

	ZIELE	
ZEITHORIZONT \\	Psychologische Ziele	Ökonomische Ziele
Kurzfristig	Bekanntheit Imageaktualisierung	
Mittelfristig	Kundenzufriedenheit Kundenbindung	Verbesserung Absatz, Umsatz, Marktanteil
Langfristig	Imageprofilierung Beziehungsführerschaft	Wettbewerbsvorteile Kundenwert

Abb. 2.12 Bedeutung verschiedener Ziele des Sportsponsorings im Zeitverlauf (in Anlehnung an Bruhn, 2018, S. 143)

2.4 Motive und Ziele des Sportsponsorings

Mit Blick auf die Darstellung wird deutlich, dass durch Sportsponsoring mittel- bzw. langfristig vor allem ökonomische Ziele (wie Umsatz- oder Marktanteilssteigerungen) angestrebt werden, zu denen das Sportsponsoring – zumindest mittelbar – einen Beitrag leistet und in kurzfristiger Betrachtung zumeist auf das Ziel der Bekanntheitssteigerung und Imageaktualisierung abzielt.

Dementsprechend soll auch eine entsprechende Zielplanung im Sportsponsoring stattfinden, die eindeutige, realistische und operationale Formulierungen von angestrebten Zielen beinhaltet, welche durch das Sponsorship erreicht werden sollen.

Übung 2.5

Bei der Definition von Sportsponsoringzielen ist oftmals von der sogenannten „SMART-Regel" die Rede. Recherchieren Sie, was in diesem Zusammenhang darunter zu verstehen ist. ◄

Der Erfolg eines Sponsorships hängt dazu in großen Teilen davon ab, inwieweit der Sponsor die Zielplanung im Hinblick auf die vier nachfolgenden Dimensionen vorab präzisiert (Bruhn, 2018, S. 142):

1. **Zielinhalt:**
   Nennung des konkreten Bereichs des anvisierten Sponsoringziels (psychologisch oder ökonomisch) wie z. B. Steigerung der Markenbekanntheit durch Banden- und Trikotwerbung im Fußballstadion
2. **Zielausmaß:**
   Festlegung, in welchem Ausmaß eine gewisse Verbesserung angestrebt wird, wie z. B. Steigerung der Markenbekanntheit um 20 Prozent oder Verbesserung des Unternehmens in der Imagedimension „Sportlichkeit" um einen Punkt auf einer Skala von 1 bis 10
3. **Zielgruppenbezug:**
   Genaue Präzision der Ziel- bzw. Personengruppe, bei der die oben genannten Ziele erreicht werden sollen, z. B. in der Zielgruppe der 20- bis 30-jährigen weiblichen Endverbraucher in Süddeutschland
4. **Zeitbezug:**
   Angabe des konkreten Zeitraums bzw. des Zeitpunkts, bis zu dem die Sponsoringmaßnahmen umgesetzt bzw. die Ziele erreicht werden sollen, z. B. Sponsoring von fünf Golfturnieren in den nächsten drei Jahren.

2.5 Wirkungspotenziale des Sponsorings

Vor allem bei der Frage und Entscheidung, ob und in welchem Umfang das Kommunikationsinstrument Sportsponsoring eingesetzt werden soll, kommt der Frage der Wirkungspotenziale des Sponsorings große Bedeutung zu.

Denn die Mehrheit der üblichen Maßnahmen im Sportsponsoring lassen lediglich die Übermittlung von einfachen Botschaften (z. B. durch Platzierung entsprechender Markennamen, Logos oder Signets) in geringem Umfang zu und eignen sich daher meist weniger zum Transport von komplexen Botschaften. Kommt das Instrument Sportsponsorings dabei im Rahmen einer integrierten Kommunikationsstrategie zum Einsatz, ist jedoch eine erweiterte inhaltliche Verwendung möglich (Bagusat & Hermanns, 2012, S. 461).

Das Sportsponsoring zielt somit vor allem auf die assoziative Verbindung eines Unternehmens bzw. einer Marke mit dem Gesponserten bzw. genauer gesagt mit den (positiven) Attributen, Werten und Eigenschaften des Gesponserten ab.

Aus diversen empirischen Untersuchungen, welche sich mit der **Wirkung des Sponsorings** beschäftigten, lassen sich folgende, allgemeine Erkenntnisse ableiten und im Hinblick auf das **Wirkungspotenzial des Sponsorings** zusammenfassen (Hermanns & Marwitz, 2008, S. 164 ff.):

- Sponsoring verfügt im Vergleich zu anderen Kommunikationsformen über eine vergleichsweise **hohe Kontaktqualität** und ermöglicht den unmittelbaren Kontakt zu relevanten Zielgruppen.
- Ein Sponsoringengagement kann den **Bekanntheitsgrad eines Unternehmens oder einer Marke positiv beeinflussen**. Wurde ein höherer Bekanntheitsgrad bereits erreicht, kann dieser nur durch ein fortlaufendes Sponsoringengagement auch nachhaltig stabilisiert und gefestigt werden. Nach Beendigung eines konkreten Sponsorings geht die Erinnerungsleistung bei den Konsumenten meist schnell zurück und sogar komplett verloren.
- Für einen Sponsor ist über ein gemeinsames Auftreten mit dem Gesponserten ein **Imagetransfer** grundsätzlich möglich, jedoch ist zur Erreichung dieses Ziels ein stetiges und langfristig ausgerichtetes Sponsoringengagement notwendig.
- Durch eine **Vernetzung des Sponsorings** mit anderweitigen Instrumenten der Marketingkommunikation kann dessen Effizienz wesentlich gesteigert werden.
- Lachowetz et al. (2002) und Ukman (2004) konnten u. a. nachweisen, dass Sponsoring zu **Verhaltensänderungen** führen konnte, indem bestehende Kunden in gewissen Fällen dazu bereit waren, für Produkte und Dienstleistungen von Sponsoren höhere Preise zu akzeptieren.

2.6 Dimensionen und Erscheinungsformen des Sportsponsorings

Die Möglichkeiten für Unternehmen, sich im Sport als Sponsor zu engagieren, sind äußerst vielfältig. Eine Charakterisierung und Unterscheidung verschiedener Sponsoringaktivitäten ist anhand der drei folgenden Kriterien möglich (Nufer & Bühler, 2013, S. 263 ff.):

1. Art des Sportsponsoringobjekts
2. Umfang des Sponsorings
3. Form der Nutzung und Umsetzung von Maßnahmen

Art des Sponsoringobjekts
Zur Klassifizierung konkreter Engagements anhand des Sponsoringobjekts bieten sich die Kriterien „**Sportart**", „**Leistungsebene**" und „**organisatorische Einheit**" an (Drees, 1993, S. 122 ff.; Hermanns & Marwitz, 2008, S. 73).

Die Gesponserten aus dem Bereich des Sports bzw. Sponsoringengagements lassen sich anhand dieser drei Dimensionen systematisch kategorisieren (Abb. 2.13).

Die erste Dimension bezieht sich dabei auf die **Sportart**, in der sich ein potenzieller Sponsor engagiert. Die gewählte Sportart ist entscheidend und auch meist prägend für das Image des Gesponserten und für das generelle Interesse des Publikums, denn Letzteres stellt die maximale Zielgruppe für die Aktivitäten des Sponsors dar. Derzeit existieren mehr als 200 verschiedene anerkannte Sportarten von Aikido bis Yoga. Zu den am stärksten gesponserten Sportarten zählen u. a. Fußball, Handball, Basketball, Tennis, Golf sowie der Pferde-, Ski- und Motorsport.

Als zweite Dimension kann die sportliche **Leistungsebene** betrachtet werden. Hierbei kann zwischen Spitzen-/Leistungssport sowie Breitensport (mit Erwachsenen- und Nachwuchssport) und Behindertensport differenziert werden. Diese Dimension beeinflusst in hohem Maße die Qualität und Quantität der Zielgruppe. Zudem werden unterschiedliche Imagefaktoren mit den jeweiligen Leistungsebenen assoziiert.

Im Breitensport kann sich ein Sponsor im Nachwuchs- oder Erwachsenensport engagieren, daneben gibt es auch noch weitere Sonderfelder wie etwa den Senioren- oder Behindertensport. Je nach Wahl der Leistungsebene und -form kann eine spezifische Zielgruppe angesprochen und können andere Imagedimensionen vermittelt werden.

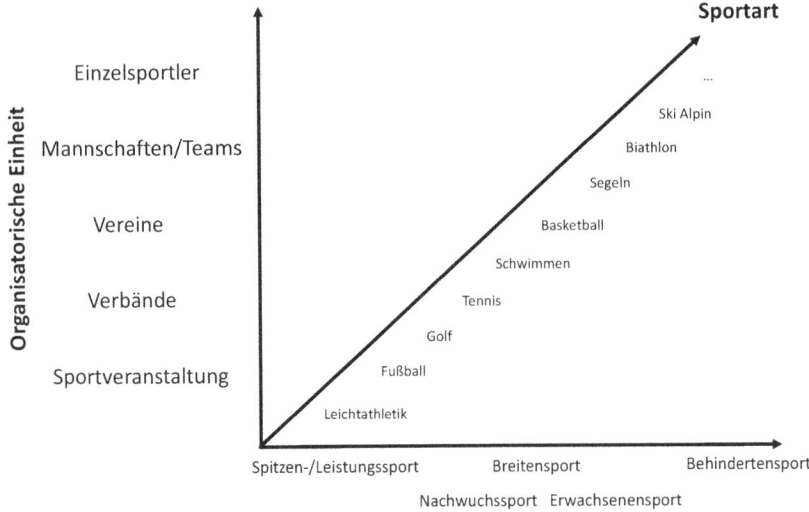

Abb. 2.13 Entscheidungsdimensionen eines Sportsponsorings anhand der Gesponserten (in Anlehnung an Bruhn, 2018, S. 109; Hermanns & Marwitz, 2008; Drees & Trautwein, 2008, S. 100)

Im Bereich des Spitzen- bzw. Leistungssports hat sich das Sportsponsoring zu einem bedeutenden Finanzierungsinstrument entwickelt, wodurch die Veranstaltung gewisser Turniere und Wettbewerbe heutzutage kaum mehr ohne Sponsoringengagements denkbar wäre und jeweils ein sehr bestimmtes Zielpublikum anspricht. Im Breitensport hingegen haben Sponsoringaktivitäten den Vorteil, dass sie sich tendenziell an ein Massenpublikum richten und für das sponsernde Unternehmen ein gewisses Image aufgebaut werden kann.

Als dritte Dimension zur Systematisierung von Sportsponsoringengagements kann die Betrachtung der gesponserten **organisatorischen Einheit** herangezogen werden.

Hiernach lässt sich in sportartübergreifende Sportorganisationen (wie etwa IOC, NOK, DOSB etc.), sportartbezogene Welt- und Spitzenverbände (wie z. B. FIFA, DFB, DHB, DTB), Vereine (wie Borussia Dortmund, THW Kiel, Alba Berlin), Ligen, Turnier und Serien (wie Fußball-Bundesliga, Volleyball-Landesliga, Eishockey-Liga, Champions League, Euro League, F1-Weltmeisterschaft etc.), einzelne Sportmannschaften/Teams (Bobteam Wendl-Arlt, Basketball-Frauen-

2.6 Dimensionen und Erscheinungsformen des Sportsponsorings

mannschaft U20 des FC Bayern München), Einzelsportler (Cristiano Ronaldo, Roger Federer), Ausrichter von (einzelnen) Wettkämpfen und einzelnen Sportveranstaltungen (wie z. B. Leichtathletik Diamond League, Berlin Marathon ...) unterscheiden.

Analysen der Sponsoringaktivitäten von Unternehmen mit Blick auf die unterstützten organisatorischen Einheiten zeigen, dass in erster Linie Mannschaften und Vereine, aber auch Einzelsportler und Veranstaltungen gesponsert werden, seltener erfolgt ein Sponsoring von Sportverbänden. Sportartübergreifende Sponsorings wie etwa die Partnerschaft von Coca-Cola mit dem IOC bilden hierbei eher die Ausnahme.

Insgesamt lassen sich jegliche Sponsoringaktivitäten anhand dieser drei genannten Dimensionen klassifizieren und einordnen. Im Umkehrschluss bedeutet dies jedoch auch:

▶ Durch die Wahl bzw. Kombination unterschiedlicher Ausprägungen auf den jeweiligen Dimensionen ist eine gezielte Ansprache spezifischer Zielgruppen mit unterschiedlichen Präferenzstrukturen durch ein entsprechendes Sponsoringengagement möglich.

Neben der oben genannten Möglichkeit der Beschreibung und Unterscheidung von Sportsponsorings anhand des Kriteriums „Sponsoringobjekt" können die Erscheinungsformen des Sportsponsorings auch anhand weiterer Eigenschaften charakterisiert und differenziert werden, nämlich auch in Bezug auf den Umfang des Sportsponsorings.

Umfang des Sponsorings
Ein Sponsoringengagement kann zudem nach dem **Umfang** unterschieden werden. Hierbei sind drei typische Varianten in der Praxis üblich (Nufer & Bühler, 2008, S. 391; Adjouri & Stastny, 2015, S. 19 ff.):

- Full-Sponsoring
- Haupt-Sponsoring
- Co-Sponsoring

Beim **Full-Sponsoring** stellt ein Unternehmen jegliche benötigten Sponsoringmittel allein zur Verfügung. Als Gegenleistung erhält das Unternehmen das umfassende und exklusive Recht der alleinigen kommunikativen Nutzung.

Eine Stufe unterhalb eines Full-Sponsoringengagements ist das sogenannte **Haupt-Sponsoring** anzusiedeln. Hauptsponsoren genießen meist exklusive Rechte wie etwa die Beschriftung der Sportbekleidung oder die Positionierung des Unternehmenslogos an prominenter Stelle. Hierbei ist es auch möglich, dass Unternehmen aus verschiedenen Branchen nebeneinander als Hauptpartner agieren – jedoch üblicherweise immer nur ein Unternehmen aus einer Branche (z. B. nur ein offizieller Ausrüster aus der Sportartikelbranche, nur ein offizieller Mobilitätspartner aus der Automobilbranche etc.).

Ein **Co-Sponsor** engagiert sich dahingegen meist mit weitaus geringeren Mitteln und neben einer Vielzahl weiterer Sponsoren (ggf. auch aus der gleichen Branche) und erhält dafür entsprechend weniger Rechte.

> **Hinweis**
>
> Üblicherweise existiert in der Praxis ein Mix aus einzelnen bis sehr wenigen Haupt- und mehreren bis sehr vielen Co-Sponsoren auf verschiedenen Ebenen, welche im Umfeld eines gesponserten Athleten, Vereins oder Events um die Aufmerksamkeit ihrer Zielgruppe kämpfen. ◄

Gesponserte, d. h. Sportler, Vereine und Verbände, kategorisieren ihre Partner zumeist in einer sogenannten „**Sponsorenpyramide**" und vergeben in Abhängigkeit von der jeweiligen Wertigkeit unterschiedliche Rechte und Leistungspakete.

In der Praxis existieren hierbei eine Vielzahl verschiedener Bezeichnungen und Strukturen zur Kategorisierung dieser Partner- und Sponsorenebenen, wie etwa Platin-, Gold- und Silbersponsor oder Hauptsponsor, Premium- und Klassik-Sponsor, wobei diese jedoch grundsätzlich der gleichen, abstufenden Logik folgen (Adjouri & Stastny, 2015, S. 20 ff.).

Des Weiteren kann ein Sponsoring anhand der Nutzung und Umsetzung entsprechender Maßnahmen charakterisiert werden.

Form der Nutzung und Umsetzung von Maßnahmen
Um das Sponsoringengagement kommunikativ zu nutzen, bedient sich der Sponsor verschiedener, mit dem Gesponserten vertraglich geregelter Mittel.

Diese hängen oft von der gewählten Sportart und ihren jeweiligen Sponsoring-Objekten ab. Im Allgemeinen können jedoch die folgenden Maßnahmen voneinander unterschieden werden:

- Kennzeichnung von Gegenständen wie Bekleidung, Sportartikel, Stadien und sonstiger Gegenstände
- Präsenz vor, während und nach gewissen Sportevents. Dies ist meist mittels der Platzierung von Logos auf Pressemeldungen, Einladungen, Plakaten oder auf Banden und Rückwänden möglich.
- Nutzung von Prädikaten, wie etwa „Offizieller Ausrüster", „Offizieller Sponsor" oder „Partner". Sponsoren erhalten neben Titeln in der Regel auch ein Emblem, das auf Sponsoring hinweist und von Sponsoren für einen Zeitraum auch außerhalb der Veranstaltung für Marketing und Unternehmenskommunikation verwendet werden kann.
- Das Recht zur Benennung von Sponsoringobjekten wird Titel- oder Namingsponsoring genannt und wird hauptsächlich in Verbindung mit einem Event, Verein, einer Mannschaft verwendet. Ein Gesponserter überträgt hierbei dem Sponsor das Recht, prominent in die Bezeichnung des jeweiligen Teams oder Events eingebunden zu sein (z. B. Mercedes-AMG Petronas Formula One Team oder Audi FIS Ski World Cup).
- Nutzung von Sportlern, die als Testimonial in die Marketing- und Unternehmenskommunikation der Sponsoren integriert werden. Sie sind dabei meist in klassischen Werbekampagnen und in der Verkaufsförderung und bei PR-Aktivitäten aktiv.

2.7 Zusammenfassung

Im zweiten Kapitel des Lehrbuchs haben wir uns insbesondere mit dem Sportsponsoring auseinandergesetzt. Sie haben dabei eine spezifische Definition des Sportsponsorings kennengelernt, sich dazu mit der geschichtlichen Entwicklung und der ökonomischen Bedeutung sowie der Größenordnung des Sportsponsorings in Deutschland und weltweit vertraut gemacht.

Sie haben dadurch außerdem eine Vorstellung von der Verteilung von Sponsorengeldern auf verschiedene Sportarten und von den jeweiligen Branchen der Wirtschaft, welche sich im Sportsponsoring engagieren, erhalten.

Des Weiteren haben Sie sich mit den unterschiedlichen Akteuren und Interessensvertretern in der Sportsponsoringbranche vertraut gemacht und sich mit den Zielen und Motiven im Sponsoring befasst.

Schlussendlich sind Ihnen ebenfalls die Wirkungspotenziale und unterschiedlichen Dimensionen und Erscheinungsformen des Sportsponsorings bekannt, die Sie anhand verschiedener Kriterien unterscheiden können.

2.7.1 Aufgaben zur Selbstüberprüfung

Aufgabe 2.1

In welchen Aspekten unterscheidet sich die Definition des Sportsponsorings vom Begriff des allgemeinen Sponsorings? ◄

Aufgabe 2.2

Wählen Sie drei Meilensteine in der Entwicklung des Sportsponsorings und erläutern Sie diese mit eigenen Worten. ◄

Aufgabe 2.3

Was ist unter dem „Magischen Dreieck des Sportsponsorings" zu verstehen? ◄

Sportsponsoring als Marketing- und Kommunikationsinstrument 3

> **Übersicht**
>
> Ziel dieses Kapitels ist es, die theoretische Verortung und Einordnung des Sportsponsorings aus Marketing- und Kommunikationssicht zu verstehen.
>
> Nach diesem Kapitel werden Sie in der Lage sein, das Sportsponsoring im Rahmen des Marketingmix zu verorten und gegenüber anderen Instrumenten der Marketingkommunikation abzugrenzen.
>
> Schließlich werden Sie den generischen Sponsoringmanagementprozess kennenlernen und die einzelnen Phasen genauer beschreiben können.

3.1 Sponsoring als Sonderform des Sportmarketings

Betrachtet man das Thema Sportsponsoring aus der Marketingperspektive, so lässt sich diese Art des Engagements von Unternehmen als eine **Sonderform des Sportmarketings** einordnen. Dabei ist das Sportsponsoring neben der klassischen Werbung als typisches Instrument im Bereich „**Marketing mit Sport**" zu verorten.

Im Gegensatz zum „**Marketing von Sport**", wo die Vermarktung von sportlichen Kernprodukten wie Wettkämpfen, Turnieren, Veranstaltungen und entsprechender Produkterweiterungen wie Merchandisingprodukte oder Hospitalitypakete im Fokus steht, geht es beim „**Marketing mit Sport**" um die Nutzung des Sportumfelds zur öffentlichkeitswirksamen Bewerbung, Vermarktung und Assoziation sportfremder und sportverwandter Marken, Produkte und/oder Dienstleistungen durch Unternehmen (Bühler & Nufer, 2012, S. 395 f.). Die theoretische Einordnung des Sportsponsorings im Bereich des Sportmarketings ist in Abb. 3.1 dargestellt.

Aus Sicht des Sponsors kann die gezielte Assoziation eines Unternehmens bzw. einer Marke mit einer bestimmten Sportorganisation oder einem Athleten dabei als Mittel zur Erreichung kommerzieller Ziele gesehen werden. Die bedeutendsten Ziele und Absichten von Sponsoren im Rahmen ihres Sportsponsoringengagements wurden bereits im vorausgehenden Kapitel erläutert. Generell spielen beim Einsatz dieses Marketinginstruments, wie bekannt, jedoch zumeist die Steigerung der Markenbekanntheit, die Imageverbesserung, die Kundengewinnung und -bindung sowie schlussendlich die Umsatzsteigerung und auch die Netzwerkbildung eine entscheidende Rolle.

Zur Entfaltung der vollen Wirkung eines einzelnen Sponsorships (wie z. B. Platzierung eines Logos auf der Brust eines Fußballclubs) ist jedoch die Integration die-

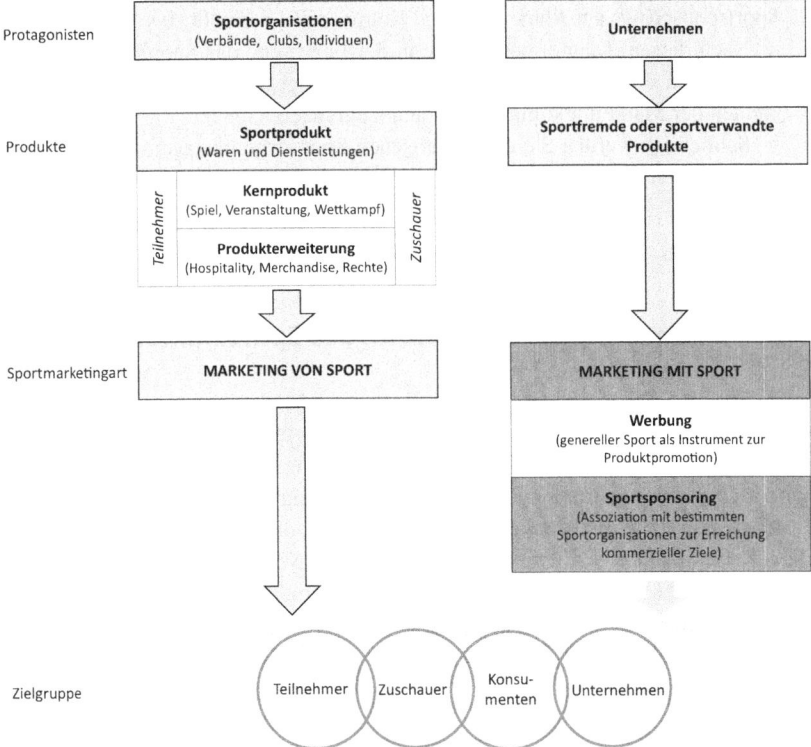

Abb. 3.1 Das Sportmarketing-Modell (in Anlehnung an Bühler & Nufer, 2012, S. 395)

ser Maßnahme in ein umfassendes, vernetztes Sponsoring- und Marketingkonzept erforderlich. Dabei soll das volle Potenzial des Sponsorships durch weitere, abgestimmte und flankierende Maßnahmen optimal ausgeschöpft werden. Empirische Studien zeigen, dass zur erfolgreichen Aktivierung und Umsetzung eines Sponsorships mindestens der gleiche Betrag, welcher für das reine Sponsoringrecht ausgegeben wurde, zusätzlich in weiterführende, vernetzende Kommunikationsmaßnahmen (wie z. B. Werbespots, Printanzeigen, PR-Kampagnen etc.) gesteckt werden muss (Bühler & Nufer, 2012, S. 406).

Beispiel 3.1

In der Praxis zeigt sich ein Verhältnis der Rechtekosten zu den Aktivierungskosten eines Sponsorings von **1:1,2**. Das heißt, für jeden Euro, den Unternehmen ausgeben, um die Rechtekosten für ein Sponsoring zu erwerben, geben sie zusätzlich 1,2 Euro zur Aktivierung und Umsetzung des Sponsorings aus (Nielsen, 2018a). ◄

Gerade in Randsportarten stellen die Einnahmen aus dem Sponsoring oftmals den größten Einnahmeblock dar. Im Gegensatz zu früher haben Sportorganisationen daher zunehmend verstanden, dass Sponsoren nicht mehr nur als selbstverständliche und ideelle Geldgeber anzusehen sind, sondern mit ihrem Engagement klar definierte, kommerzielle Ziele verfolgen und somit gewisse Gegenleistungen erwarten (Stichwort Reziprozität). Aus Sicht der gesponserten Sportorganisation oder Athleten ist das Sponsoring daher in erster Linie als wichtiges **Finanzierungsinstrument** bzw. Einnahmequelle zur Sicherstellung des sportlichen und wirtschaftlichen Betriebs zu sehen.

Aufgrund der immensen Summen im Sportsponsoring haben auch hier die ökonomischen Prinzipien mehr und mehr Einzug gehalten, was zu einer zunehmenden Professionalisierung der Branche führte und verstärkt Marketingfachleute bzw. ausgebildete Sportökonomen auf beiderlei Seiten des Sponsorships erfordert. Insgesamt lässt sich somit festhalten:

▶ Sportsponsoring ist nicht nur eine wichtige Einkommensquelle für Sportorganisationen sowie ein bedeutendes Marketinginstrument für Unternehmen, sondern stellt auch eine reziproke Geschäftsbeziehung zwischen Sponsor und Gesponserten dar (vgl. auch Bühler & Nufer, 2012, S. 406 ff.).

Wie bei anderweitigen Geschäftsbeziehungen hängt der Erfolg eines Sportsponsorships auch von der Beziehungsqualität der Partner ab. Insbesondere bei den im

Sportumfeld üblichen, langfristigen Sponsoringpartnerschaften ist gegenseitiges Vertrauen der Parteien zueinander von hoher Bedeutung. Weitere erfolgskritische Voraussetzung in dieser Beziehung sind oftmals ebenso eine wertschätzende Kommunikation, eine offene Kooperationsbereitschaft und das gegenseitige Verständnis für die jeweiligen Anliegen des anderen. Beide Parteien sind daher gut beraten, sich für die Interessen und Zielsetzungen des anderen zu interessieren und sich gemeinsam für die Erreichung der definierten Ziele einzusetzen. Zur gemeinsamen Erarbeitung und Erreichung einer idealen Sponsorenbeziehung werden daher u. a. Sponsorenworkshops mit Sponsoringverantwortlichen beider Seiten abgehalten, um voneinander zu lernen und meist in Kombination mit sozialen Aktivitäten (wie etwa gemeinsamer Kochkurs) eine ungezwungene Atmosphäre zu schaffen, was zum langfristigen Erfolg der Sponsoringpartnerschaft positiv beitragen kann.

3.2 Sportsponsoring als Teil der Marketingkommunikation

Betrachtet man das Thema Sportsponsoring aus einer gesamtheitlichen Managementperspektive, so ist es als ein Instrument bzw. Bestandteil des Marketingmix bzw. genauer gesagt des Bereichs **Marketingkommunikation** (innerhalb des Marketingmix) anzusehen. Doch was war gleich noch mal der Marketingmix?

Zur Erinnerung: Die vier klassischen Bereiche des Marketingmix sind die sogenannten „4P", was im Englischen für **Product, Price, Place und Promotion** steht und auf Deutsch sozusagen für Produkt-, Preis- (Kontrahierungs-), Vertriebs- und Kommunikationspolitik steht.

Mit dem **Marketingmix** werden Marketingstrategien bzw. Marketingpläne in konkrete Aktionen umgesetzt. Die Kommunikationspolitik hat zum Ziel, den Konsumenten über ein Produkt oder eine Dienstleistung zu informieren und schlussendlich zum Kauf zu motivieren. Dafür stehen den Unternehmen unterschiedliche **Kommunikationsinstrumente** zur Verfügung, welche in Kombination den sogenannten **Kommunikationsmix** ergeben (Nufer & Bühler, 2008, S. 386).

Für viele Unternehmen hat sich eine gute **Kommunikationsstrategie** mittlerweile zu einem erfolgskritischen Wettbewerbsfaktor entwickelt, wodurch der Bereich „**Kommunikationspolitik**" im klassischen Marketingmix stets an Bedeutung gewann und weiterhin gewinnen wird (Quirling et al., 2017, S. 122).

Zahlreiche ökonomische, gesellschaftliche und rechtliche Entwicklungen führten zur Notwendigkeit der Qualitätssteigerung der Marketingkommunikation und einer Erweiterung des Kommunikationsinstrumentariums, auf das zur Erfüllung der kommunikativen Aufgaben zurückgegriffen werden kann (Glogger, 1999, S. 28):

3.2 Sportsponsoring als Teil der Marketingkommunikation

Durch zunehmende Marktsättigung, vorherrschende Verdrängungswettbewerbe und das Phänomen eines hybriden Käuferverhaltens zeichnet sich das ökonomische Umfeld durch zunehmende Dynamik und Komplexität aus. Zudem lässt sich ein sozialgesellschaftlicher Wertewandel auf verschiedenen Ebenen beobachten, wie etwa eine zunehmende Gesundheits-, Wellness- und Erlebnisorientierung sowie eine zunehmend kritischere Einstellung der Bevölkerung gegenüber Unternehmen, dabei insbesondere gegenüber kommunikativen Aktivitäten (Fuchs & Unger, 2007, S. 4 f.).

Eine dynamische Entwicklung der Medienlandschaft, mediale Umwälzungen durch die Digitalisierung, eine zunehmende kommunikative Konkurrenz sowie eine damit verbundene Informationsüberflutung der Zielgruppen führt außerdem zu erschwerten Kommunikationsbedingungen und einer nur noch teilweisen Aufnahme und Verarbeitung von Informationen durch die Konsumenten.

Auch die fortlaufenden Anpassungen rechtlicher Rahmenbedingungen (wie z. B. Einschränkungen und Werbeverbote für Alkohol und Tabak in gewissen Bereichen) verändern die Optionen und Möglichkeiten in der Marketingkommunikation.

Aufgrund dieser Entwicklungen wurden zusätzlich zu den ursprünglichen, klassischen Kommunikationsinstrumenten, oder auch **„Above the Line"**-Instrumente genannt, weitere innovative, nicht klassische oder auch **„Below the Line"** genannte **Kommunikationsinstrumente** entwickelt. Zu letztgenannter Kategorie der innovativen Kommunikationsinstrumente mit den Charakteristika des hohen Neuigkeitsgrades, der Diskontinuität im Einsatz, der Nutzung von Medien in der Individualkommunikation, dem Einsatz in spezifischen Kundensituationen sowie der hohen Zielgruppengenauigkeit zählt vor allem das **Sponsoring** im Umfeld des Sports.

▶ Das **Sportsponsoring** ist als ein typisches Kommunikationsinstrument aus dem nicht klassischen bzw. **„Below the Line"**-Bereich im Kommunikationsmix anzusehen.

Aufgrund der zahlreichen Vorteile, wie beispielsweise der spezifischen Zielgruppenansprache, der hohen Akzeptanz in der Bevölkerung und des besonderen Erlebnisnutzens, nimmt das Instrument (Sport-)Sponsoring gegenüber anderen Kommunikationsinstrumenten den höchsten Stellenwert ein (Meffert & Bruhn, 2006, S. 647; Quirling et al., 2017, S. 123).

In Abb. 3.2 ist die Einordnung des Kommunikationsinstruments (Sport-)Sponsorings im Marketingmix dargestellt.

Da sich die Kommunikationsbotschaften von Unternehmen im täglichen Werbedschungel gegen eine Vielzahl anderer Botschaften durchsetzen müssen, versu-

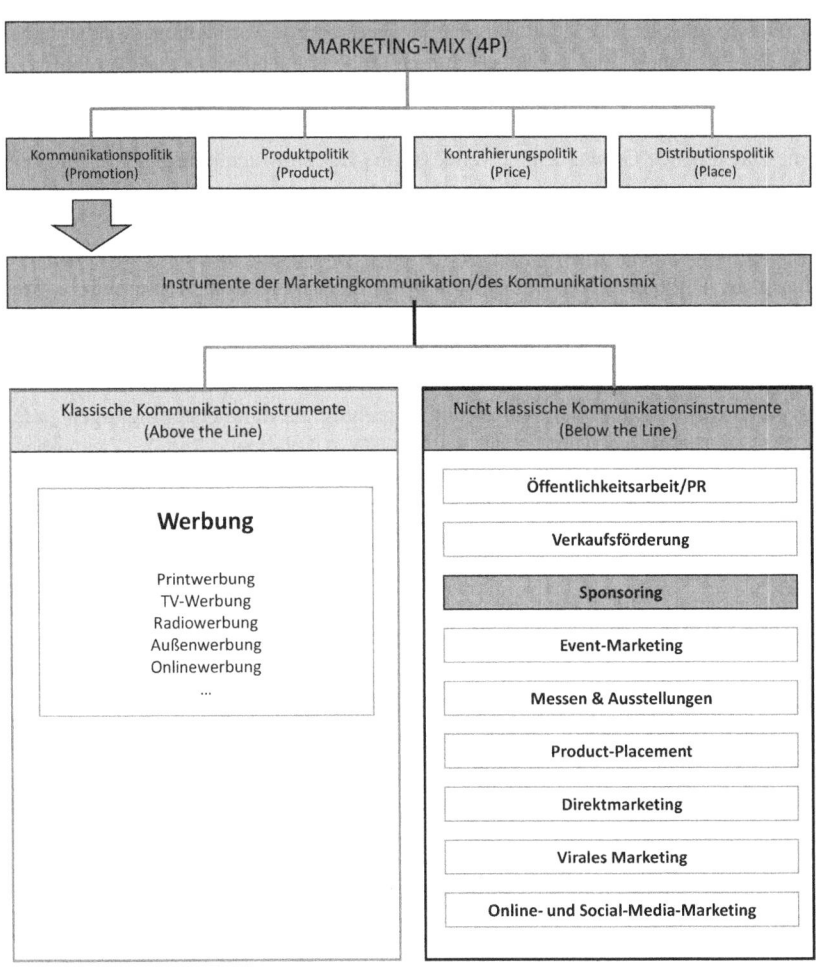

Abb. 3.2 Sportsponsoring als Kommunikationsinstrument im Marketingmix (in Anlehnung an Quirling et al., 2017, S. 123 und Nufer & Bühler, 2013, S. 36)

chen Unternehmen ihr Kommunikationsbudget so effektiv wie möglich zu nutzen, indem sie verschiedene Kommunikationsinstrumente miteinander vernetzen. Das (Sport-)Sponsoring kann in diesem Zusammenhang anhand nachfolgender Merkmale von anderweitigen Kommunikationsinstrumenten abgegrenzt und die jeweiligen Elemente dabei wie folgt beschrieben werden (Bühler, 2006; Nufer, 2012; Nufer & Bühler, 2012, S. 387 f.):

3.2.1 Klassische Kommunikationsinstrumente (Above the Line)

Werbung
Zu den klassischen werblichen Maßnahmen zählen u. a. Printwerbung in Zeitungen, Zeitschriften und Magazinen, TV- und Radiowerbung, Außenwerbung wie etwa auf Plakatwänden, Litfaßsäulen oder Transportmitteln und auch die digitale Bannerwerbung im Internet. Vorrangiges Ziel von Werbemaßnahmen ist dabei, einen positiven Einfluss auf die Kaufentscheidung des Konsumenten zugunsten des werbetreibenden Unternehmens auszuüben. Die klassische Werbung ist zwar nach wie vor das meistgenutzte Kommunikationsinstrument, jedoch wird die Wirkung von Massenwerbung wegen der **Werbeüberfrachtung** („**Advertising Clutter**") oftmals als kritisch bzw. eher gering eingeschätzt. Firmen versuchen daher zunehmend, über kreative, emotionale, humorvolle, skurrile oder auch schockierende Werbung auf sich aufmerksam zu machen.

3.2.2 Nicht klassische Kommunikationsinstrumente (Below the Line)

Öffentlichkeitsarbeit (Public Relations/PR)
Unternehmen versuchen durch PR langfristige Beziehungen zu unterschiedlichen Stakeholdern (Kunden, Journalisten, Aktionäre, Mitarbeiter etc.) zu etablieren, um Vertrauen und Verständnis aufzubauen. Die Öffentlichkeitsarbeit erfolgt mit unterschiedlichen Mitteln wie Pressekonferenzen, Anzeigen, PR-Veranstaltungen (Ausstellungen, Tage der offenen Tür), Spenden für karitative Zwecke, Gründung einer eigenen Stiftung sowie redaktionelle Beiträge in Zeitungen und Fachzeitschriften.

Verkaufsförderung (Sales Promotions)
Um den Verkauf von Produkten und Dienstleistungen zu fördern, setzen Unternehmen gezielte Verkaufsförderungsmaßnahmen wie Gewinnspiele, Gutscheine, Preisnachlässe, Promotions oder Aufsteller bzw. Sonderplatzierungen am Point of Sale (Ort des Verkaufs) ein.

Sponsoring
Wie bereits dargestellt, fallen unter (Sport-)Sponsoring alle Aktivitäten, welche im Zusammenhang mit der Bereitstellung von Geld, Sachmitteln, Dienstleistungen oder Know-how durch ein Unternehmen zur Förderung von Personen, Organisationen oder Veranstaltungen bzw. zur Erreichung der unternehmerischen Kommunikationsziele (insbesondere meist Steigerung des Bekanntheitsgrads oder Imageverbesserung) stehen.

Eventmarketing
Darunter ist ein interaktives bzw. erlebnisorientiertes Kommunikationsinstrument zu verstehen. Durch die Inszenierung von eigens initiierten Events erfolgt eine spezifische Zielgruppenansprache.

Messen/Ausstellungen
Messen und Ausstellungen können neben dem Zweck der Anbahnung von neuen Geschäften und der Pflege von bestehenden Geschäftskontakten auch zur Vorstellung von neuen Produkten genutzt werden.

Product Placement
Unter Product Placement wird die werbewirksame Platzierung von Produkten u. a. in Kinofilmen verstanden. Diese Form des Marketings wird als ein besonders effektives Kommunikationsinstrument angesehen, da die Produktpräsentation oftmals sehr subtil und authentisch erfolgt und sich der Konsument dadurch nur sehr schwer entziehen kann.

Direktmarketing
Im Gegensatz zur klassischen Werbung, die anonym erfolgt und sich an eine große Anzahl von Personen richtet (Massenwerbung), versucht Direktwerbung (auch als **Dialogmarketing** bezeichnet), Werbebotschaften direkt an den einzelnen Verbraucher bzw. an seine persönliche Adresse individuell zu adressieren. Die üblichen Formen des Direktmarketings sind Direktmailing (personalisierte Werbebriefe/Mailings) und auch das Telefonmarketing.

Virales Marketing
Im Gegensatz zur traditionellen Werbung wird beim viralen Marketing versucht, die Marketingbotschaft unter aktiver Einbindung der Verbraucher als **Multiplikatoren** zu verbreiten. Insbesondere soziale Netzwerke werden dabei genutzt, um Aufmerksamkeit auf Marken, Produkte oder Kampagnen zu lenken, indem sich

3.2 Sportsponsoring als Teil der Marketingkommunikation

Kampagnen wie ein Virus ausbreiten. Virales Marketing setzt die Idee der Mund-zu-Mund-Propaganda mit aktueller (Internet-)Technologie fort.

Online- und Social-Media-Marketing
Das Verhalten der Mediennutzer hat sich in den letzten Jahren stark verändert. Soziale Netzwerke wie Facebook, Instagram und TikTok haben zunehmend an Bedeutung gewonnen, ebenfalls professionelle Plattformen wie LinkedIn und XING. Infolgedessen verlagert sich auch die Marketingkommunikation zunehmend in den Bereich der sozialen Medien.

Hier können u. a. auch Zielgruppen erreicht werden, die mit herkömmlichen Werbemethoden nicht (mehr) oder nur schwer erreicht werden können. Darüber hinaus bietet diese Form des Marketings den Vorteil, dass Zielgruppen sehr spezifisch und mit geringen Streuverlusten angesprochen werden können, da eine Ansprache auf Basis gewisser demografischer Daten erfolgen kann.

Auch die gezielte (meist bezahlte) Einbindung von **Influencern** in Werbekampagnen zur Bewerbung gewisser Produkte oder Dienstleistungen gewinnt vermehrt an Bedeutung und ist in Kampagnen großer Marken heutzutage kaum mehr wegzudenken.

Übung 3.1

Welche Personen sind die **zehn wertvollsten Influencer** in Deutschland?
Recherchieren Sie die entsprechenden **Markenwerte** sowie die **Followerzahlen** der Personen auf Instagram. ◄

Interinstrumentelle Integration des Sponsorings
Ziel bei der interinstrumentellen Integration des Sponsorings ist, das Sponsoring mit anderen Kommunikationsmitteln so zu verknüpfen, dass eine synergetische Steigerung der Gesamtwirkung der Kommunikation erreicht wird (Bruhn, 2014, S. 70).

Hinweis

In der Praxis werden vorzugsweise Instrumente wie die Öffentlichkeitsarbeit, Event- und Online-Kommunikation mit dem Sponsoring vernetzt (Bagusat, 2013, S. 26). ◄

Sponsoring ist in der Realität jedoch oftmals weniger stark in den Kommunikationsmix integriert als viele andere Instrumente, wie etwa Werbung oder PR, da Sponsoringverantwortliche – im Vergleich zu Verantwortlichen anderer Kommunikationsdisziplinen – weitaus seltener in die Umsetzung der integrierten Kommunikation miteinbezogen werden.

In der Zukunft wird es daher vor allem darauf ankommen, die Integration des Sponsorings in den Kommunikationsmix professionell weiterzuentwickeln. Dabei sollen die Möglichkeiten der Ansprache von Zielgruppen genutzt werden, welche sich durch den Einsatz von Sponsoring im Zusammenspiel mit anderen Kommunikationsinstrumenten bieten.

3.3 Der Sponsoringmanagementprozess

Unabhängig von der jeweiligen Erscheinungsform des Sponsorings ist es erfolgsentscheidend, einen systematischen Sponsoringmanagementprozess zugrunde zu legen. Der idealtypische Planungsprozess eines Sponsorings ist dabei in mehrere Phasen unterteilt, die auf Basis vorhandener Informationen sukzessive durchlaufen werden. Die einzelnen Aktivitäten teilen sich dabei auf vier Hauptphasen (Analysephase, Planungsphase, Umsetzungsphase und Kontrollphase) auf, in denen wiederum weitere Schritte und Aktivitäten stattfinden (Hermanns & Marwitz, 2008, S. 168 ff.; Bruhn, 2005, S. 839 ff.; Nufer & Bühler, 2013, S. 269 ff.) (Abb. 3.3).

1. Situationsanalyse

Zur Vorbereitung des Sponsoring-Planungsprozesses erfolgt eine Situations- und Status-quo-Analyse der bisherigen Sponsoringaktivitäten. Dabei wird die interne und externe Unternehmenssituation in Bezug zu bisherigen Erfolgen des Sponsoringengagements analysiert. Aufgrund der ermittelten Stärken und Schwächen des Unternehmens bzw. der Einschätzung von Chancen und Risiken im Markt werden grundsätzliche Entscheidungen zu Kommunikationsfragen und zum zukünftigen Einsatz von Sponsoring getroffen.

2. Festlegung der Sponsoringziele

Ausgehend von den Zielen der Unternehmenskommunikation und der kommunikativen Positionierung eines Unternehmens bzw. einer Marke werden sodann Sponsoringziele abgeleitet. Durch Sponsoring können – wie bereits erläutert – sowohl ökonomische als auch psychologische Ziele erreicht werden. Wirtschaftliche Ziele werden vor allem dann verfolgt, wenn die Produkte eines Unternehmens eng mit dem Sponsorship verbunden sind. In der Regel stehen jedoch psychologische

3.3 Der Sponsoringmanagementprozess

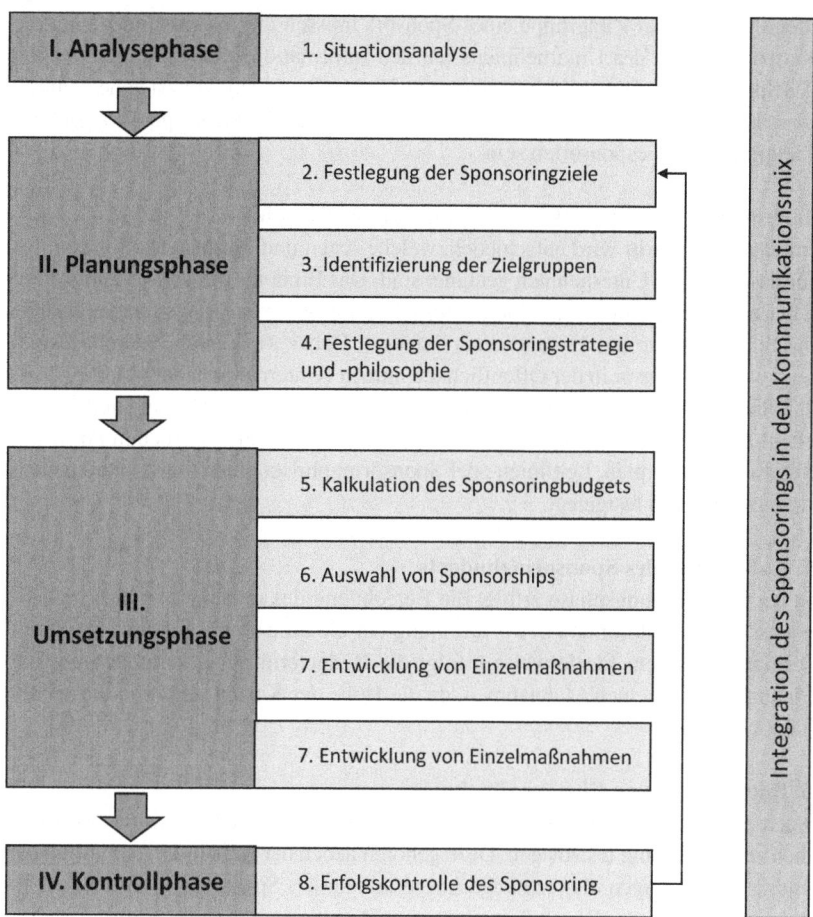

Abb. 3.3 Phasenschema des Sponsoringmanagementprozesses (in Anlehnung an Bruhn, 2018, S. 44)

Ziele (Markenbekanntheit, Markenimage, Markenerneuerung, Kontaktpflege etc.) im Fokus. Diese Ziele werden dann nach Inhalt, Umfang, Zeit und Segmentbezügen operationalisiert.

3. Identifizierung der Zielgruppen
Parallel zur Zielsetzung werden sodann die Zielgruppen identifiziert, ausgewählt und charakterisiert, die durch das Sponsoring angesprochen werden sollen. Bei der

Identifizierung der Zielgruppe eines Sponsors müssen die Informationen über die Kernzielgruppen des Unternehmens mit den Informationen über die Zielgruppen des Sponsors ver- und abgeglichen werden. Ziel sollte eine möglichst hohe Affinität bzw. Kongruenz (d. h. Übereinstimmung) der Zielgruppe des Sponsors und der Zielgruppe des Gesponserten sein.

4. Festlegung der Sponsoringstrategie und -philosophie
Im nächsten Schritt wird entschieden, welche Arten und Formen des Sponsorings für das jeweilige Unternehmen geeignet sind. Das Ergebnis dieser konzeptionellen Überlegungen ist eine verbindliche Formulierung der Sponsoringstrategie, welche die Schwerpunkte des Engagements definiert. Dabei wird unter anderem festgelegt, wer als Sponsor in der Öffentlichkeit auftritt (Unternehmen oder Marke), welche Sponsoringmittel eingesetzt werden und wer in welchem Umfang und in welchem Zeitraum gesponsert werden soll. Sponsoringstrategien werden in Form von Sponsoringprinzipien, Leitlinien oder Sponsoringphilosophien (bzw. Sportsponsoringgrundsätzen) festgelegt.

5. Kalkulation des Sponsoringbudgets
In der Budgetierungsphase erfolgt die Berechnung des gesamten Sponsoringbudgets sowie die Zuordnung bzw. Aufteilung der Gesamtsumme auf einzelne Sponsoringmaßnahmen. Idealerweise erfolgt die Budgetermittlung zeitgleich mit der Planung der einzelnen Maßnahmen, da die Höhe der Kosten stark von diesen abhängig ist.

6. Entwicklung von Einzelmaßnahmen
Nach einer konkreten Sponsoringentscheidung ist es notwendig, einzelne Maßnahmen zur Umsetzung festzulegen. Dazu gehören neben der Definition von Leistungen und Gegenleistungen die rechtliche Ausgestaltung des Sponsorings, die Kostenkalkulation und ggf. die Beauftragung externer Dienstleister (z. B. Sponsoringagenturen) zur Unterstützung in der Sponsoringplanung und -durchführung bzw. Umsetzung der definierten Bausteine.

Erfolgskontrolle des Sponsorings
Am Ende des Planungsprozesses wird die Wirksamkeit des Sponsorings überprüft. Dabei wird sowohl die Wirksamkeit der Kommunikation analysiert als auch das Kosten-Nutzen-Verhältnis des Sponsorings bewertet. Bei der Beurteilung der Kommunikationswirksamkeit ist zwischen kurzfristigem Erfolg und langfristiger Wirksamkeit des Sponsorings zu unterscheiden. Kurzfristige Auswirkungen können durch Recall- und Wiedererkennungstests oder durch Berechnung von Medi-

enwerten, Kontaktmaßzahlen etc. gemessen werden. Andererseits ist es viel schwieriger, die langfristigen Auswirkungen zu bestimmen, wo es hauptsächlich um allgemeine Imageeffekte geht. Die Erfolgskontrolle beeinflusst die Überprüfung von Sponsoringzielen, Strategien und Maßnahmen im Planungsprozess.

Integration des Sponsorings in den Kommunikationsmix
Um vorhandene Synergien bestmöglich zu nutzen und damit eine Steigerung der Gesamtwirkung der Kommunikation zu erreichen, ist eine fortlaufende Integration und Verzahnung des Sponsorings mit anderen Kommunikationsinstrumenten notwendig. Hierbei muss geprüft werden, welche Möglichkeiten im Rahmen der Verknüpfung der Sponsoringmaßnahmen mit klassischen Kommunikationsinstrumenten (Werbung, Promotion, Öffentlichkeitsarbeit, Mitarbeiterkommunikation) bestehen. Die Abstimmung zwischen den Kommunikationsmitteln muss dann nicht nur formal, sondern vor allem auch inhaltlich und zeitlich erfolgen (vgl. interinstrumentelle Integration des Sponsorings).

Der dargestellte Planungsprozess ist dabei als idealtypischer Prozess anzusehen. Viele Sponsoringentscheider gingen in der Vergangenheit in der Sponsoringplanung eher intuitiv vor, statt solch einem systematischen Planungsmuster zu folgen. Doch in Zukunft wird kein Weg mehr an einem analytischen und strukturierten Planungsprozess von Sponsoringaktivitäten vorbeiführen.

Mit dem aus diesem Lehrbuch nun gewonnenen Know-how werden Sie hierfür jedoch bestens gerüstet sein.

3.4 Zusammenfassung

Im dritten Kapitel des Lehrbuchs haben wir uns mit der Einordnung des Sportsponsorings im Rahmen des Sportmarketing-Modells befasst und dabei die Verortung im Bereich „Marketing mit Sport" herausgearbeitet.

Des Weiteren haben wir uns mit dem Marketingmix und den unterschiedlichen Kommunikationsinstrumenten befasst, sodass Sie diese nun beschreiben und abgrenzen können. Schlussendlich haben Sie den schematischen Ablauf eines Sponsoringmanagementprozesses kennengelernt und können den systematischen Aufbau eines Planungsprozesses anhand einzelner Aktivitäten skizzieren.

3.4.1 Aufgaben zur Selbstüberprüfung

Aufgabe 3.1

Was ist unter den Below-the-Line-Kommunikationsinstrumenten Product Placement, PR und Direktmarketing zu verstehen? ◄

Aufgabe 3.2

Welche Schritte sind in der „Planungsphase des Sponsoringmanagementprozesses" zu durchlaufen? ◄

Aufgabe 3.3

Was ist unter interinstrumenteller Integration des Sponsorings zu verstehen und aus welchen Gründen ist dies von Bedeutung für das Sportsponsoring? ◄

Schlussbetrachtung 4

In diesem Lehrbuch haben Sie die Grundlagen des Sponsorings und dabei insbesondere die charakteristischen Merkmale und Eigenschaften des Sportsponsorings kennengelernt, sodass Sie verschiedene Ausprägungen und Erscheinungsformen des Sportsponsorings beschreiben und abgrenzen können.

Anhand zahlreicher Praxisbeispiele, Statistiken und Studienergebnisse haben Sie zudem eine realistische Vorstellung gewonnen, in welchen Größenordnungen sich das Sportsponsoringvolumen in Deutschland und weltweit bewegt und welche Sportarten und Branchen in diesem Sektor von Relevanz sind. Ihnen sind zudem die Ziele, Motive und die Akteure im Bereich des Sportsponsorings bekannt.

Des Weiteren haben Sie sich mit der theoretischen Verortung des Sportsponsorings aus Management- bzw. Marketing- und Kommunikationssicht befasst sowie mit dem strukturierten Sponsoringmanagementprozess anhand verschiedener Phasen vertraut gemacht.

Insgesamt haben Sie sich mit der Bearbeitung dieses Lehrbuchs ein breites Grundlagenwissen zum Thema Sportsponsoring geschaffen.

Anhang

Bearbeitungshinweise zu den Übungen

Kapitel 1

1.1

Bekannte internationale Mäzene sind u. a. Bill Gates und Warren Buffett, welche im Rahmen der philanthropischen Kampagne „The Giving Pledge" Geld für wohltätige Zwecke spenden und dazu auch besonders wohlhabende Menschen zu Spenden für das Gemeinwohl animieren. Damit versuchen sie u. a., die reichsten Personen und Familien in den USA und der Welt dazu einzuladen, einen Großteil ihres Reichtums für die Philanthropie zu geben.

Zudem schlossen sich auch weitere wohlhabende internationale Mäzene wie SAP-Mitgründer Hasso Plattner, der indische Unternehmer Azim Premji oder der Virgin-Gründer Richard Branson dieser Kampagne an.

Dieter Schwarz, Gründer der Schwarz-Gruppe (Kaufland/Lidl), ist ebenfalls ein bekannter deutscher Mäzen.

Auch Jan Philipp Reemtsma, Sohn des Zigarettenfabrikanten Philipp Reemtsma, agiert in Deutschland als Mäzen in verschiedenen Bereichen.

1.2
Liste der größten gemeinwohlorientierten Stiftungen in Deutschland, gemessen am Stiftungskapital (stiftungen.org):

1.	Robert Bosch Stiftung	5,40 Mrd. Euro
2.	Volkswagen Stiftung	2,71 Mrd. Euro
3.	Deutsche Bundesstiftung Umwelt	2,42 Mrd. Euro
4.	Baden-Württemberg Stiftung	2,178 Mrd. Euro
5.	Joachim Herz Stiftung	1,53 Mrd. Euro
6.	Bertelsmann Stiftung	1,32 Mrd. Euro
7.	Alfried Krupp von Bohlen und Halbach-Stiftung	1,13 Mrd. Euro
8.	Software AG – Stiftung	1,10 Mrd. Euro
9.	Carl-Zeiss-Stiftung	941 Mio. Euro
10.	Gemeinnützige Hertie-Stiftung	817 Mio. Euro

Weitere Infos dazu finden Sie hier: https://www.stiftungen.org/stiftungen/zahlen-und-daten/liste-der-groessten-stiftungen.html.

1.3
Die derzeitigen Partner und Förderer der Initiative „Jugend trainiert für Olympia" sind (jugendtrainiert.com):

• Hauptpartner:	Deutsche Bahn (DB)
• Premium Partner:	Allianz
• Partner:	bett1.de; Molten
• Förderer:	Sportmetropole Berlin; Bundesministerium des Innern, für Bau und Heimat

Als Partner und Förderer von „Jugend trainiert" unterstützt die DB unter anderem die An- und Abreise zu den Bundesfinalwettkämpfen. Darüber hinaus begleitet die Abteilung DB Klassenfahrten organisatorisch die Unterbringung der jeweils ca. 4500 Sporttalente.

Die Allianz ruft im Rahmen des Engagements u. a. Schülerinnen und Schüler im Alter von 12–19 Jahren zur „Allianz-Werte-Challenge" auf. Es geht darum, kurze Videos rund um das Thema „Sport für eine bessere Zukunft" zu produzieren. Im Mittelpunkt der Clips stehen die Dimensionen Inklusion, Fairplay, Nachhaltigkeit und Vielfalt.

Darüber hinaus engagieren sich Allianz-Markenbotschafter wie Felix Neureuther, Maximilian Kieffer und Markus Rehm als Jugend-trainiert-Paten.

Anhang

Bett1.de unterstützt mit zahlreichen neuen Ideen und Projekten den Schulsport und „Jugend trainiert für Olympia & Paralympics".

Der Sportartikelhersteller Molten unterstützt das Projekt u. a. mit der Entwicklung neuer Bälle speziell für den alltäglichen Trainingsbereich und exklusiven Rabattcodes für Bestellungen.

Das Land Berlin richtet zweimal pro Jahr die Bundesfinalveranstaltung aus. Als Ausrichter erbringt das Land Berlin in diesem Zuge zahlreiche Leistungen, welche unter anderem die Durchführung der Wettbewerbe betreffen und dabei weit über die kostenfreie Bereitstellung der benötigten Sportstätten hinausgehen.

Zudem organisiert und finanziert das Land Berlin im Frühjahr und Herbst die jeweilige Abschlussveranstaltung.

Das Bundesministerium stellt jährlich bis zu 1.000.000 Euro Fördermittel zur Durchführung der Bundesfinalveranstaltungen zur Verfügung und sichert damit den Erfolg der Wettbewerbe.

Weitere Informationen hierzu finden Sie unter: https://www.jugendtrainiert.com/partner-foerderer/partner/.

1.4

Hier machen Sie sich nach der Lektüre des SPIEGEL-Artikels „Pop-Sponsoring: Win-Win-Situation" (Dallach, 2007) eigenständig Gedanken.

1.5

Greenpeace hat vier Kriterien für den Begriff „Greenwashing" definiert.

Greenwashing liegt vor, wenn …

1. das Kerngeschäft an sich schon umweltschädlich ist (zum Beispiel Kreuzfahrten und die Kohle- oder Mineralöl-Industrie),
2. mehr Geld für Werbung als für den Umweltschutz ausgegeben wird,
3. Lobbyarbeit betrieben wird, um den Umweltschutz zu umgehen, also mit der rechten Hand Umweltschutz vorzugaukeln und gleichzeitig die Politik für das Gegenteil zu beeinflussen,
4. mit Selbstverständlichkeiten geworben wird. Wenn zum Beispiel Auflagen oder Gesetze eingehalten werden, ist das kein grünes Handeln, sondern schlicht: das Befolgen von Gesetzen.

Beispiele typischer Greenwashing-Praktiken finden Sie u. a. hier: https://nachhaltigedeals.de/nachhaltiger-leben/greenwashing-beispiele/.

1.6
Einige Beispiele für Mediensponsoring:

- Seit mehr als 30 Jahren präsentiert Krombacher die Formel-1-Rennen auf RTL.
- Die Fußball-Bundesliga-Highlight-Videos auf BILD.de werden derzeit von „Knoppers Nussriegel" und von der „Deutschen Vermögensberatung" präsentiert.
- Veltins präsentiert im Rahmen ihres Mediensponsoringengagements regelmäßig den Wintersport im ZDF.
- Der Sportartikelhändler Decathlon präsentiert das Torwand-Schießen-Gewinnspiel bei „das aktuelle sportstudio" im ZDF.

Kapitel 2

2.1
Die Top 10 der meistgesehenen Sendungen im deutschen Fernsehen werden vom Sport bzw. Fußball abgedeckt und komplett durch Spiele der deutschen Fußball-Nationalmannschaft bei Welt- und Europameisterschaft eingenommen:

Die Top-10-Quoten aller Zeiten im deutschen Fernsehen, 2014

	Datum	Sendung	Zuschauer in Mio.	Marktanteil in Prozent	Sender
1.	13.07.2014	Fußball-WM: Deutschland – Argentinien	34,65	86,3	ARD
2.	08.07.2014	Fußball-WM: Deutschland – Brasilien	32,57	87,8	ZDF
3.	07.07.2010	Fußball-WM: Deutschland – Spanien	31,10	83,2	ARD
4.	04.07.2006	Fußball-WM: Deutschland – Italien	29,66	84,1	ZDF
5.	25.06.2008	Fußball-EM: Deutschland – Türkei	29,46	81,6	ZDF
6.	23.06.2010	Fußball-WM: Deutschland – Ghana	29,30	79,6	ARD
7.	08.07.1990	Fußball-WM: Deutschland – Argentinien	28,66	87,9	ARD
8.	30.06.1996	Fußball-EM: Deutschland – Tschechien	28,44	76,3	ZDF
9.	29.06.2008	Fußball-EM: Deutschland – Spanien	28,05	82,0	ARD
10.	13.06.2010	Fußball-WM: Deutschland – Australien	28,03	74,4	ZDF

Anhang

2.2
Coca-Cola ist einer der ältesten Partner der FIFA.

Die formelle Partnerschaft begann im Jahr 1974, das offizielle Sponsoring der FIFA Fussball-Weltmeisterschaft im Jahr 1978.

Seit 1950 ist Coca-Cola bei jeder FIFA Fußball-Weltmeisterschaft zudem mit Stadionwerbung vertreten.

Im November 2005 verlängerten die FIFA und Coca-Cola ihre langjährige Partnerschaft um weitere 16 Jahre von 2007 bis 2022.

Das Engagement von Coca-Cola als Hersteller alkoholfreier Getränke beinhaltet Barzahlungen und Sachleistungen sowie Dienstleistungen zur Unterstützung der zahlreichen FIFA-Veranstaltungen weltweit, wie der FIFA Fußball-Weltmeisterschaft, der FIFA Frauen-Weltmeisterschaft, der FIFA U-20-Weltmeisterschaft, der FIFA U-17-Weltmeisterschaft, der FIFA Beach-Soccer-Weltmeisterschaft, der FIFA Klub-Weltmeisterschaft, des FIFA Interactive World Cup, der FIFA U-20-Frauen-Weltmeisterschaft, der FIFA U-17-Frauen-Weltmeisterschaft, der FIFA Futsal-Weltmeisterschaft und des FIFA Konföderationen-Pokals.

Coca-Cola ist zudem weiterhin Sponsor der viel beachteten FIFA/Coca-Cola-Weltrangliste für die Nationalteams der Männer und die FIFA/Coca-Cola-Frauenrangliste. (FIFA, 2021)

2.3
Die von der Vereinigung Sportsponsoring-Anbieter e.V. (VSA) in Auftrag gegebene Studie beschäftigt sich mit der Wahrnehmung von Sportsponsoring im Vergleich zu anderen Werbeformen. Die Studie verdeutlicht den Stellenwert, den Sport als Kommunikationsplattform und Content-Lieferant im Kampf um die Aufmerksamkeit der Zuschauer und Fans auf allen Kanälen hat.

Zu den Kernerkenntnissen aus der Studie zählen: Sport bleibt über alle Altersklassen hinweg multimedialer Bezugspunkt. Für 88 Prozent der jungen Zielgruppe (18–29 Jahre) ist die mobile Internetnutzung bereits die stärkste Informationsquelle. Das klassische TV unterstreicht nach wie vor seine Wichtigkeit (64 Prozent der 18- bis 29-Jährigen), insbesondere in der Zielgruppe 50+ mit 86 Prozent.

Auf Platz 1 und 2 der Online-Informationsquellen über Sport, die von den Befragten genannt wurden, schafften es die Angebote der Tageszeitungen/Zeitschriften (56 Prozent) und Sportberichterstatter (55 Prozent), die damit ihre hohe Relevanz unterstreichen. Auf den dritten Platz schafften es die Online-Angebote von Sportrechtehaltern (47 Prozent), wie Sportvereinen, Ligen, Verbänden oder Sportlern. Die Rechtehalter nutzen ihre Chance, das hohe Informationsbedürfnis ihrer Fans über ihre eigenen Content-Plattformen zu befriedigen und haben somit die Chance zur gesteuerten Sponsoreneinbindung.

Bei markenaffinen Befragten beschleunigt Sportsponsoring direkt im Sales Funnel noch stärker. Die Akzeptanz von Sportsponsoring (87 Prozent) und das positive Image (63 Prozent) führen letztendlich zum positiven Effekt auf die Kaufentscheidung für Produkte/Marken, die Sportsponsoring betreiben. 42 Prozent der Befragten gaben an, dass sie Produkte von Unternehmen, die Sportsponsoring betreiben, preislich und qualitativ gleichwertigen Produkten vorziehen würden.

Sportsponsoring wird als zeitgemäßes Kommunikationsinstrument wahrgenommen, das aus Konsumentensicht auch die wichtigen Attribute „sympathisch" und „glaubwürdig" bedient. Die signifikant zeitgemäße Einordnung von digitaler Werbung durch die Befragten wird von Sportsponsoring sogar noch um vier Prozentpunkte übertroffen.

Content-Lieferant Sport
Insbesondere in der jungen Zielgruppe schaffen Fotos und Videos – neben exklusiven Informationen – Aufmerksamkeit. Sport liefert schon immer die spannendsten und besten Geschichten und durch relevanten Content über Videos und Fotos. Das macht den Sport nicht nur zur Plattform, sondern zum idealen Content-Lieferanten für die Social-Media-Welt. 71 Prozent der 18- bis 29-Jährigen (53 Prozent der Befragten aus der Zielgruppe 50+) geben an, dass Fotos ihre Aufmerksamkeit in den sozialen Medien verstärken, 53 Prozent der 18- bis 29-Jährigen (39 Prozent der Befragten aus der Zielgruppe 50+) schätzen Video-Content. Authentische Bilder und Video-Content, schnell bereitgestellt, übertragen das große Asset des Sports, nämlich die Emotionen, direkt zu den Fans. Diese Faktoren schicken Sportsponsoring auf die Gewinnerstraße.

Sportsponsoring wird auf Social Media akzeptiert
Die Akzeptanz von Sportsponsoring in Social Media ist hoch: Die Akzeptanz von Sponsorenpräsenz auf Social-Media-Kanälen wird durch Mehrwerte für Fans und einen inhaltlichen Bezug gefördert – auch dieser Trend verstärkt sich bei markenaffinen Personen. (VSA, 2019)

2.4
SAP ist u. a. Sponsor/Partner der Eishockey-Mannschaft Adler Mannheim, des CHIO Aachen – das Weltfest des Pferdesports –, des FC Bayern München sowie des FC Bayern München Basketball, der International Equestrian Federation FEI, dem Mercedes-Benz EQ Formel E Team, der National Basketball Association (NBA), der National Hockey League (NHL), des US-Baseballteams New York Yankees, des

American Football Teams San Francisco 49ers, der TSG 1899 Hoffenheim, der Women's Tennis Asscotiation WTA, der World Sailing und vieler mehr (SAP, 2021).

Weitere Informationen und Hintergründe zu den jeweiligen Partnerschaften erfahren Sie unter: https://www.sap.com/germany/about/company/global-sponsorships/sports.html.

2.5
SMART ist ein Akronym und steht im Englischen für Specific (spezifisch), Measurable (messbar), Achievable (attraktiv), Reasonable (realistisch), Time-bound (terminiert). Die Regel geht auf den Managementforscher und Unternehmensberater Peter Drucker zurück und dient z. B. im Projektmanagement, im Rahmen von Mitarbeiterführung und Personalentwicklung als Kriterium zur eindeutigen Definition von Zielen im Rahmen einer Zielvereinbarung.

Im Deutschen können die Buchstaben in etwa mit Spezifisch, Messbar, Erreichbar, Angemessen und Terminiert übersetzt werden.
Eine Zielsetzung ist nur dann SMART, wenn sie diese fünf Bedingungen erfüllt. Der Satz „Ich bestehe die Sportsponsoring-Klausur am Ende des Monats mit mindestens der Note 2" kann als Beispiel eines smarten Ziels angesehen werden, da darin alle fünf Merkmale genannt werden. Entsprechende Anwendung findet das SMART-Prinzip im Hinblick auf die Definition von Zielen im Sportsponsoring.

Kapitel 3

3.1
Die Top-10-Liste der wertvollsten Influencer in Deutschland nach Markenwert sah im Dezember 2021 wie folgt aus (Theobald, 2021):

1. Leonie Hanne (@leoniehanne)
2. Pamela Reif (@pamela_rf)
3. Caro Daur (@carodaur)
4. Farina Opoku (@novalanalove)
5. Julia Beautx (@juliabeautx)
6. Bianca Claßen (@bibisbeautypalace)
7. Julien Bam (@julienbam)
8. Sarah Harrison (@sarah.harrison.official)
9. Lisa and Lena (@lisaandlena)
10. Mrs. Bella (@mrsbella)

Die jeweils aktuellen Instagram-Reichweiten können durch individuelle Suche der jeweiligen Personen (anhand oben genannter Benutzernamen in Klammern) gefunden werden.

Lösungen der Aufgaben zur Selbstüberprüfung

Kapitel 1

1.1
Sponsoring bedeutet die

- Analyse, Planung, Umsetzung und Kontrolle sämtlicher Aktivitäten,
- die mit der Bereitstellung von Geld, Sachmitteln, Dienstleistungen oder Knowhow durch Unternehmen und Institutionen
- zur Förderung von Personen und/oder Organisationen in den Bereichen Sport, Kultur, Soziales, Umwelt und/oder Medien
- unter vertraglicher Regelung der Leistung des Sponsors und Gegenleistung des Gesponserten verbunden sind, um damit gleichzeitig Ziele der Marketing- und Unternehmenskommunikation zu erreichen.

Ein wesentlicher Unterschied des Sponsorings zu anderen Formen der Unternehmensförderung ist das Prinzip der Reziprozität, wodurch dem Sponsor für seine Leistungen gewisse Gegenleistungen (vertraglich) zugesagt werden.

Des Weiteren steht beim Sponsoring – im Gegensatz zu anderen Formen der Unternehmensförderung – oftmals der Eigennutz im Vordergrund des Engagements. Zudem wird beim Sponsoring eine breite, öffentliche Medienwirkung bewusst gesucht und meist aktiv unterstützt, was bei den anderen Formen wie etwa Mäzenatentum und Spendenwesen kaum bis keine Rolle spielt.

1.2
Typ 1: Uneigennütziges Sponsoring

Dieser Sponsoringtyp besitzt altruistische Züge und Ansätze. Das Geben steht hier im Vergleich zum Nehmen im Mittelpunkt der Aktivität. Dementsprechende Öffentlichkeitsarbeit wird in diesem Zusammenhang jedoch nur sehr zurückhaltend betrieben, sie wird jedoch – im Gegensatz zum Mäzenatentum – in gewissem Maße betrieben. Der Fördergedanke ist oftmals bereits in den Grundsätzen oder Leitlinien eines Unternehmens verankert, wobei das Sponsoring durch das

Unternehmen selbst oder durch eine firmeneigene Stiftung durchgeführt wird. Vorrangig werden hierbei kulturelle, soziale und andere nicht kommerzielle Institutionen gefördert. Diese Art des Sponsorings wird als uneigennütziges Sponsoring bezeichnet.

Das uneigennützige Sponsoring spielt im (professionellen) Sport eine untergeordnete bis keine Rolle.

Typ 2: Förderungsorientiertes Sponsoring
In vielen Sponsoringpartnerschaften – allen voran im Sozio-, Umwelt- und Kulturbereich, aber auch teilweise im Sport – spielt neben der zu erwartenden Gegenleistung des Gesponserten auch oftmals die ideelle Förderkomponente eine entscheidende Rolle. Dies ist im Sportsektor vorwiegend bei Sponsoringpartnerschaften im Breiten-, Jugend-, Nachwuchs- und Behindertensport der Fall. Diese Art des Sponsorings wird daher auch als förderungsorientiertes Sponsoring bezeichnet.

Das förderungsorienterte Sponsoring besitzt im (professionellen) Sport eine mittlere Bedeutung.

Typ 3: Klassisches Sponsoring
Mit Blick auf den Spitzensport, allen voran im Fußball, spielt die Komponente der tatsächlichen bzw. ideellen Förderung eines professionellen Athleten, Vereins oder Verbandes dahingegen nur eine sehr untergeordnete bis vernachlässigbare Rolle. Hierbei stellt vor allem der rein ökonomische bzw. kommunikative Gegenwert einer Sponsoringpartnerschaft das wichtigste Entscheidungskriterium für Unternehmen im Hinblick auf die Auswahl und den Eingang einer Sponsoringbeziehung dar. Diese Art des Sponsorings wird daher auch als „klassisches Sponsoring" bezeichnet. Ein charakteristisches Merkmal dieses Sponsoringtypus ist dabei die akribische Aushandlung und vertragliche Festlegung der jeweiligen Leistungen und Gegenleistungen, die systematische Planung und Umsetzung der Aktivitäten sowie die strategische Ausrichtung des Engagements. Doch nicht nur im Spitzensport, sondern auch in anderweitigen Bereichen der Kultur, z. B. im Musikbereich, ist dieser Sponsoringtyp v. a. im Zusammenhang mit Weltstars und renommierten Veranstaltungen zu finden.

Das klassische Sportsponsoring ist die dominierende und vorherrschende Form des Sponsorings im Sportsektor.

1.3

- Anfang der 1970er-Jahre entstanden erste Anfänge des Sponsorings in wenigen Sportarten (Entstehungsphase). Gesponserte zeigten erstes, sporadisches Interesse, bevor in den 1980er-Jahren (Wachstumsphase) eine starke Professionalisierung des Sponsorings in ausgewählten Sportarten, wie etwa Fußball und Motorsport, stattfand und hohes Interesse der Gesponserten entstand. Eine Professionalisierung des Sponsoringsektors war nur in Ausnahmefällen gegeben.
- In den 1990er-Jahren (Wachstumsphase) wurden mehr oder weniger alle Sportarten erschlossen und auch jegliche Leistungsklassen vom Amateur- bis Spitzensport durch Sponsoringengagements durchdrungen.
- Zu Beginn der 2000er-Jahre (Reifephase) trat eine weitgehende Abhängigkeit vieler Sportler, Vereine, Verbände, Ligen etc. von kommerziellen Sponsorengeldern ein. Die Einnahmen aus dem Sponsoring bildeten dabei einen großen und stetig zunehmenden Anteil der Einnahmen. Zudem stellten die Sponsoringeinnahmen eine bedeutsame Finanzierungsquelle im Rahmen des Beschaffungsmarketings für Gesponserte dar.
- Seit den 2010er-Jahren (Reifephase) herrscht v. a. im Profisport eine starke und weiter zunehmende Abhängigkeit vieler Akteure von Sponsoringeinnahmen vor. Insbesondere Skandale und negativ geprägte mediale Auftritte gesponserter Athleten können für Sponsoren zum Problem werden. Für Gesponserte stellen die Einnahmen aus dem Sponsoringbereich eine feste und bedeutsame Einnahmequelle dar.

Kapitel 2

2.1

Sponsoring bedeutet die

- Analyse, Planung, Umsetzung und Kontrolle sämtlicher Aktivitäten,
- die mit der Bereitstellung von Geld, Sachmitteln, Dienstleistungen oder Knowhow durch Unternehmen und Institutionen
- zur Förderung von Personen und/oder Organisationen in den Bereichen Sport, Kultur, Soziales, Umwelt und/oder Medien
- unter vertraglicher Regelung der Leistung des Sponsors und Gegenleistung des Gesponserten verbunden sind, um damit gleichzeitig Ziele der Marketing- und Unternehmenskommunikation zu erreichen.

Unter der Sonderform **Sportsponsoring** versteht man

- die Zuwendung von Finanz-, Sach- und/oder Dienstleistungen von einem Unternehmen (*Sponsor*)
- an eine Einzelperson, eine Gruppe von Personen oder eine Organisation bzw. Institution aus dem Sport (*Gesponserter*)
- gegen die Gewährung von Rechten zur kommunikativen Nutzung von Personen bzw. Organisationen und/oder Aktivitäten des Gesponserten auf Basis einer vertraglichen Vereinbarung.

Als Sonderform des Sponsorings präzisiert die Definition des Sportsponsorings die jeweiligen Akteure und verortet den Gesponserten eindeutig im Bereich des Sports. Weitere Erläuterungen finden Sie in Abschn. 2.1.

2.2
Eine Übersicht der Meilensteine des Sportsponsorings finden Sie in Tab. 2.1.

2.3
Die Eckpunkte im „Magischen Dreieck des Sportsponsorings" bilden der Sport, vorwiegend in der Rolle des Gesponserten, die Wirtschaft, die vorrangig als Sponsor auftritt, und die Medien, die mit ihrer Berichterstattung über den Sport eine bedeutende Multiplikatorenrolle einnehmen.

Im Mittelpunkt des Dreiecks stehen die Zuschauer, welche zugleich den Fokus und die zentrale Zielgröße der übrigen Stakeholder bilden.
Das Magische Dreieck des Sportsponsorings ist in Abb. 2.9 ersichtlich und näher erläutert.

Kapitel 3

3.1
Product Placement
Unter Product Placement wird die werbewirksame Platzierung von Produkten u. a. in Kinofilmen verstanden. Diese Form des Marketings wird als ein besonders effektives Kommunikationsinstrument angesehen, da die Produktpräsentation oftmals sehr subtil und authentisch erfolgt und sich der Konsument dadurch nur sehr schwer entziehen kann.

Öffentlichkeitsarbeit (Public Relations/PR)
Unternehmen versuchen durch PR, langfristige Beziehungen zu unterschiedlichen Stakeholdern (Kunden, Journalisten, Aktionären, Mitarbeitern etc.) zu etablieren, um Vertrauen und Verständnis aufzubauen. Die Öffentlichkeitsarbeit erfolgt mit unterschiedlichen Mitteln wie Pressekonferenzen, Anzeigen, PR-Veranstaltungen (Ausstellungen, Tag der offenen Tür), Spenden für karitative Zwecke, Gründung einer eigenen Stiftung sowie redaktionelle Beiträge in Zeitungen und Fachzeitschriften.

Direktmarketing
Im Gegensatz zur klassischen Werbung, die anonym erfolgt und sich an eine große Anzahl von Personen richtet (Massenwerbung), versucht Direktwerbung (auch als Dialogmarketing bezeichnet), Werbebotschaften direkt an den einzelnen Verbraucher bzw. an seine persönliche Adresse individuell zu adressieren. Die üblichen Formen des Direktmarketings sind Direktmailing (personalisierte Werbebriefe/Mailings) und auch das Telefonmarketing.

3.2
Die Planungsphase im Sponsoringmanagementprozess umfasst die drei folgenden Aktivitäten:

- Festlegung der Ziele
- Identifizierung der Zielgruppen
- Festlegung der Sponsoringstrategie und -philosophie

3.3
Interinstrumentelle Integration des Sponsorings:
Ziel bei der interinstrumentellen Integration des Sponsorings ist, das Sponsoring mit anderen Kommunikationsmitteln so zu verknüpfen, dass eine synergetische Steigerung der Gesamtwirkung der Kommunikation erreicht wird. Dabei werden vorzugsweise Instrumente wie die Öffentlichkeitsarbeit, Event- und Online-Kommunikation mit dem Sponsoring vernetzt.

Glossar

E-Sport Der Begriff „E-Sport" ist eine Zusammensetzung aus den beiden Begriffen „elektronisch" und „Sport". Er bezeichnet das wettbewerbsmäßige Spielen von Computer- oder Videospielen einzeln oder im Team unter sportlichen Aspekten.

Gesponserter Der Gesponserte (oder auch Sponsoringnehmer) ist der Leistungsempfänger des Sponsors und verpflichtet sich im Gegenzug, dem Sponsor werbliche und mediale Rechte einzuräumen.

Kontrolle des Sportsponsorings Die Kontrolle des Sportsponsorings ist definiert als eine systematische Überprüfung und Beurteilung der Planung, Durchführung und des Erfolgs der Sponsoringaktivitäten. Die generierten Erkenntnisse werden aufbereitet und dienen der Optimierung und Anpassung von zukünftigen Sportsponsoringmaßnahmen.

Magisches Dreieck Im professionellen Sportsponsoring gibt es mit dem Sport, der Wirtschaft und den Medien drei Akteure, die alle das Ziel haben, die Konsumenten als Zuschauer, Käufer oder Mediennutzer für ihr eigenes Angebot zu gewinnen, und diese arbeiten dafür in der Regel eng miteinander zusammen, um Leistungen gegenseitig auszutauschen. Nur im Zusammenspiel der drei Akteure kann das Potenzial des Sportsponsorings optimal ausgeschöpft werden.

Marke Eine Marke ist ein Begriff, Zeichen, Symbol oder eine Darstellung (auch in Kombination), mit dem bzw. der sich ein Produkt oder eine Dienstleistung von anderen vergleichbaren Angeboten eindeutig unterscheiden und differenzieren lässt.

Mäzenatentum Der Begriff „Mäzenatentum" geht auf den Römer Gaius Cilnius Maecenas (etwa 70–8 v. Chr.) zurück, der in vielfältiger Form Kunst und Kultur unterstützt hat. Mit diesem Begriff wird das Verständnis verbunden, dass ein wohlhabender Mäzen (oder Mäzenat) aus rein altruistischen Motiven Personen, Institutionen oder Projekte in verschiedenen gesellschaftlichen Teilbereichen fördert (z. B. Kunst, Kultur, Wissenschaft, Umwelt, Soziales, Sport) und damit einen Beitrag zur gesamtgesellschaftlichen Wohlfahrt leistet. Altruistische Motive liegen immer dann vor, wenn mit der Förderung keine konkrete Gegenleistung verbunden ist und dies den Fördernden vielmehr ein persönliches, inneres Bedürfnis ist, also uneigennützig erfolgt.

Reaktanz Reaktanz ist ein Vermeidungs- bzw. Widerstandsverhalten von Konsumenten gegenüber Werbung, die als Einschränkung der Meinungs- und Verhaltensfreiheit und/oder als nicht (länger) zumutbare Belastung bzw. Belästigung empfunden wird. Sie tritt typischerweise auf bei Werbung, die als zu häufig, zu penetrant, unglaubwürdig, zu laut, enervierend, diskriminierend, geschmacklos etc. empfunden wird. Die bekannteste Form ist das sog. Zapping des Fernsehzuschauers, der mit Beginn eines Werbeblocks den TV-Kanal wechselt.

Reichweite Die Reichweite einer Sportberichterstattung gibt Auskunft über die durchschnittliche Anzahl der Personen, die den Sportbericht sehen, lesen bzw. hören. Beim Fernsehen spricht man auch von Einschaltquote.

Reziprozität Unter Reziprozität ist im Zusammenhang von Sportsponsoringwirkungen zu verstehen, inwieweit die Konsumenten bereit sind, das Engagement des Sponsors in der Art zu honorieren, dass sie dessen Produkte oder Dienstleistungen als Ausdruck der Dankbarkeit für die Unterstützung z. B. „ihres" Vereins bevorzugt kaufen. Der Aspekt der Reziprozität sollte daher insbesondere bei vertriebs- und verkaufsorientierten Sportsponsoringzielen in der strategischen Planung stärker berücksichtigt werden.

Spendenwesen Das Spendenwesen stellt eine Weiterentwicklung des Mäzenatentums dar. Im Kern geht es auch hierbei um die Förderung, zum Beispiel des Sports, aus vorwiegend altruistischen Motiven. Der Gesetzgeber fördert ausdrücklich solche Aktivitäten, indem er Spenden an gemeinnützig anerkannte Sportorganisationen steuerlich begünstigt und insofern sich altruistische Motive der Förderung des Gemeinwohls mit dem Eigeninteresse an einer Reduzierung der Steuerlast verbinden lassen. Eine weitere Bedingung an eine steuerbegünstigende Spende ist, dass der Spender keine Gegenleistung dafür erhält.

Sponsor Als Sponsor wird eine Organisation bezeichnet, welche Finanz-, Sach- oder Dienstleistungen für die Förderung des Sports bereitstellt und im Gegen-

Glossar

zug dafür sich oder ihre Marke im Rahmen von sportlichen Veranstaltungen präsentiert, um Ziele der Organisation zu erreichen.

Sponsoringcontrolling Sponsoringcontrolling umfasst die Identifikation und Aufbereitung von internen und externen Informationen zu einem oder mehreren Sponsorships im Sport mit dem Ziel, die Rationalität von unternehmerischen Entscheidungen zu sichern und gleichzeitig die Effektivität (Wirksamkeit) sowie die Effizienz (Wirtschaftlichkeit) des Sportsponsorings entlang des gesamten Sportsponsoringmanagementprozesses zu erhöhen.

Sponsorship bzw. Sportsponsorship Liegt eine konkrete Übereinkunft zwischen einem Sponsor und einem Gesponserten auf Basis einer vertraglichen Vereinbarung vor, in der der Zeitraum und ggf. weitere Bedingungen bestimmt sind, so wird dies als Sponsorship bezeichnet.

Sportsponsoring Sportsponsoring ist eine Partnerschaft zwischen Sponsor (Sponsoringgeber) und Gesponsertem (Sponsoringnehmer) zum beiderseitigen Vorteil auf Basis einer vertraglichen Vereinbarung. Charakteristisch ist hierbei das Prinzip von Leistung und Gegenleistung. Der Sportsponsor strebt an, die besonderen, teilweise einzigartigen Werte und Eigenschaften des Sports sowie das große Interesse der Konsumenten am Sport für seine eigenen Marketing- und Kommunikationsziele zu nutzen. Für den Gesponserten ist Sportsponsoring ein wichtiges Beschaffungs- und Finanzierungsinstrument für das Erreichen sportlicher Zielstellungen.

Sportsponsoringgrundsätze Es handelt sich dabei um organisationsspezifische Leitlinien (sowohl für den Sponsor als auch Gesponserten), die in Bezug auf den Sportsponsoringmanagementprozess besonders in der Planungs- und Umsetzungsphase hilfreich sind. Ziel der Sportsponsoringgrundsätze ist es, einen langfristigen, verbindlichen Orientierungsrahmen für die eigenen Sportsponsoringaktivitäten zu haben und diese als Entscheidungshilfen zu nutzen.

Sportsponsoringmanagementprozess Der Sportsponsoringmanagementprozess ist vergleichbar mit anderen ökonomischen Entscheidungsprozessen und wird in die vier klassischen Phasen der Analyse, Planung, Umsetzung und Kontrolle unterteilt. Dieser Prozess wird i. d. R. während der Laufzeit eines Sponsorships mehrmals durchlaufen. Insbesondere die Erkenntnisse aus der Kontrollphase liefern wichtige Rückschlüsse für die vorangegangenen Phasen im Sinne der Optimierung und Effizienzsteigerung für die Zukunft. Ein wichtiger Bestandteil jeder Phase sind die Gewinnung, Aufbereitung und Bewertung von notwendigen internen und externen Informationen. Sie dienen als Grundlage für die jeweilige Entscheidungsfindung.

Sportsponsoringstrategie Unter einer Sportsponsoringstrategie wird die bewusste und verbindliche Festlegung der Schwerpunkte in den Sportsponsoringaktivitäten einer Organisation über einen längeren Zeitraum verstanden. Die Festlegung einer Sportsponsoringstrategie erfolgt in einem zweistufigen Verfahren, der Grobauswahl und der Feinauswahl, und in strategischer und inhaltlicher Abstimmung mit der allgemeinen (Kommunikations-)Strategie des Sponsors bzw. mit der allgemeinen Strategie des Gesponserten.

Werbesurrogat Ein Surrogat ist ein – meist annähernd gleicher, oftmals jedoch nur unzureichender – Ersatz für etwas. Dementsprechend ist unter Werbesurrogat ein werbeähnliches Ersatzinstrument der Marketingkommunikation zu verstehen.

Literatur[1]

Adjouri, N., & Stastny, P. (2015). *Sport-Branding: Mit Sport-Sponsoring zum Markenerfolg* (2. Aufl.). Springer.
Arnold, U., & Kultschytzky, A. (1995). Exploration der Kommunikationswirkung von Sozio-Sponsoring. *Marktforschung und Management, 1*, 15–20.
Bagusat, A. (2013). *Sponsoring Trends 2012. Eine Onlinebefragung der umsatzstärksten Unternehmen in Deutschland.* https://www.ostfalia.de/cms/de/ispm/.content/documents/Sponsoringtrends/Berichtsband_Sponsoring_Trends_2012.pdf.
Bagusat, A., & Hermanns, A. (2012). Grundlagen des Sportsponsorings. In A. Galli, V. Elter, R. Gömmel, W. Holzhäuser & W. Straub (Hrsg.), *Sportmanagement* (S. 456–479). Vahlen.
Bagusat, A., Marwitz, C., & Vogl, M. (Hrsg.). (2008). *Handbuch Sponsoring. Erfolgreiche Marketing- und Markenkommunikation*. Erich Schmidt.
Bassenge, C. (2000). *Dienstleister als Sponsoren. Imageprofilierung durch kommunikatives Engagement im Sport.* Springer.
Benveniste, F. & Piquet, S. (1988). *Pratique du parrainage*. Vuibert.
Berndt, R. (2004). *Marketingstrategie und Marketingpolitik* (4. Aufl.). Springer.
Bruhn, M. (2005). *Unternehmens- und Marketingkommunikation. Handbuch für ein integriertes Kommunikationsmanagement* (3. Aufl.). Vahlen.
Bruhn, M. (2010). *Sponsoring. Systematische Planung und integrativer Einsatz* (5. Aufl.). Gabler.
Bruhn, M. (2014). *Integrierte Unternehmens- und Markenkommunikation* (6. Aufl.). Schäffer-Poeschel.
Bruhn, M. (2015). *Kommunikationspolitik. Systematischer Einsatz der Kommunikation für Unternehmen* (8. Aufl.). Vahlen.
Bruhn, M. (2018). *Sponsoring: Systematische Planung und integrativer Einsatz* (6. Aufl.). Springer.

---

[1] Alle URLs wurden letztmalig am 01.03.2022 geprüft.

Bühler, A. (2006). *Professional Football Sponsorship in the English Premier League and the German Bundesliga* [Dissertation].

Bühler, A., & Nufer, G. (2008). Marketing im Sport. In G. Nufer & A. Bühler (Hrsg.), *Management und Marketing im Sport: Betriebswirtschaftliche Grundlagen und Anwendungen der Sportökonomie* (S. 325–360). Erich Schmidt.

Bühler, A., & Nufer, G. (2012). Marketing im Sport. In G. Nufer & A. Bühler (Hrsg.), *Management im Sport* (S. 377–416). Erich Schmidt.

Bundesministerium der Finanzen [BMF]. (1998). *Ertragsteuerliche Behandlung des Sponsoring.* Schreiben des BMF IV B 2 – S 2144 – 40/98, IV B 7 – S 0183 – 62/98, v. 18.2.1998.

BVB. (2020). *Partner: Mit zwei Trikot-Sponsoren in die Zukunft.* https://www.bvb.de/News/Uebersicht/Mit-zwei-Trikot-Sponsoren-in-die-Zukunft.

Cornwell, T. B., Weeks, C. S., & Roy, D. P. (2005). Sponsorship-linked marketing. Opening the black box. *Journal of Advertising, 34,* 21–42.

Cotting, P. (2000). *Der Sponsoring- und Eventmarketing-Ansatz (S&E): Dimensionen, Wirkungen, Erfolgsfaktoren, Planung und Controlling.* Trauner.

Dallach, C. (27. August 2007). Pop-Sponsoring: Win-Win-Situation. *SPIEGEL ONLINE.* https://www.spiegel.de/kultur/kulturspiegel/pop-sponsoring-win-win-situation-a-502216.html.

Deutscher Spendenrat. (2021). *So viel Geld spenden die Deutschen.* https://de.statista.com/infografik/8596/spendenvolumen-und-spendenzwecke-in-deutschland/.

Die Top-10-Quoten aller Zeiten im deutschen Fernsehen. (14. Juli 2014). *Hannoversche Allgemeine.* https://www.haz.de/Sportbuzzer/Fussball/Nachrichtenticker/Die-Top-10-Quoten-aller-Zeiten-im-deutschen-Fernsehen.

Drees, N. (1992). *Sportsponsoring* (2. Aufl.). Deutscher Universitätsverlag.

Drees, N. (1993). *Sportsponsoring* (3. Aufl.). Deutscher Universitätsverlag.

Drees, N., & Trautwein, S. (2008). Erscheinungsformen des Sponsoring. In A. Bagusat, C. Marwitz & M. Vogl (Hrsg.), *Handbuch Sponsoring. Erfolgreiche Marketing- und Markenkommunikation* (S. 89–112). Erich Schmidt.

DSGV. (2021). *Deutscher Sparkassen und Giroverband: Sportförderung.* https://www.dsgv.de/unsere-verantwortung/gesellschaftliches-engagement/sportfoerderung.html.

FIFA. (2021). *Fifa-Partner: Coca-Cola.* https://www.fifamuseum.com/de/about-the-museum/partners/coca-cola/.

Fuchs, W., & Unger, F. (2007). *Management der Marketing-Kommunikation.* Springer.

Glogger, A. (1999). *Imagetransfer im Sponsoring. Entwicklung eines Erklärungsmodells.* Lang.

Haibach, M. (2012). *Handbuch Fundraising. Spenden, Sponsoring, Stiftungen in der Praxis* (4. Aufl.). Campus.

Handelsblatt. (15. Februar 2019). IOC schließt Rekord-Sponsoringvertrag mit Coca-Cola und Mengniu Dairy. *Handelsblatt.* https://www.handelsblatt.com/unternehmen/handel-konsumgueter/olympia-ioc-schliesst-rekord-sponsoringvertrag-mit-coca-cola-und-mengniu-dairy/24486634.html.

Hermanns, A. (2001). Sponsoring 2000. Bestandsaufnahme und Perspektiven. Ergebnisse einer empirischen Studie. *Werbeforschung & Praxis, 46,* 2–5.

Hermanns, A., & Marwitz, C. (2008). *Sponsoring: Grundlagen, Wirkungen, Management, Markenführung* (3. Aufl.). Vahlen.

Hermanns, A., & Riedmüller, F. (2001). *Sport-Marketing. Management Handbuch* (2. Aufl.). Vahlen.

Literatur

ISPO. (2021). *Bundesliga-Sponsoren: Das sind die 18 Trikotsponsoren der Clubs.* https://www.ispo.com/unternehmen/sponsoren-der-bundesliga-clubs-2021/22-alle-trikots-alle-einnahmen.

Kicker. (2021). *Einnahmen der Bundesligavereine durch Trikotsponsoring in der Saison 2021/2022.* https://de.statista.com/statistik/daten/studie/321109/umfrage/erste-bundesliga-trikotsponsoring-einnahmen/.

Lachowetz, T., Clark, J., Irwin, R., & Cornwell, T. B. (2002). Cause-related sponsorship: A survey of consumer/spectator beliefs, attitudes, behavioral intentions, and corporate image impressions. *American Marketing Association Conference Proceedings, 13,* 14–24.

Laureus. (2020). *Nelson Mandela's iconic speech. Sport has the power to change the world.* https://www.youtube.com/watch?v=y1-7w-bJCtY.

Marwitz, C. (2006). *Kontrolle des Sponsorings. State of the Art und methodischer Evaluationsansatz.* Deutscher Universitätsverlag.

Mattmüller, R., & Oettgen, N. (2008). Der Einsatz des Sponsoring im Handelsmarketing. In A. Bagusat, C. Marwitz & M. Vogl (Hrsg.), *Handbuch Sponsoring. Erfolgreiche Marketing- und Markenkommunikation* (S. 287–297). Erich Schmidt.

Mecking, C. (2010). Corporate Giving. Unternehmensspende, Sponsoring und insbesondere Unternehmensstiftung. In H. Backhaus-Maul, C. Biedermann, S. Nährlich & J. Polterauer (Hrsg.), *Corporate Citizenship in Deutschland: Gesellschaftliches Engagement von Unternehmen. Bilanz und Perspektiven* (S. 371–387). VS Verlag für Sozialwissenschaften.

Meenaghan, T., & Shipley, D. (1999). Media effect in commercial sponsorship. *European Journal of Marketing, 33,* 328–347.

Meffert, H., & Bruhn, M. (2006). Operatives Dienstleistungsmarketing. In H. Meffert & M. Bruhn (Hrsg.), *Dienstleistungsmarketing: Grundlagen – Konzepte – Methoden* (S. 385–682). Springer.

Mussler, D. (2008). Sozio-Sponsoring. In A. Bagusat, C. Marwitz & M. Vogl (Hrsg.), *Handbuch Sponsoring. Erfolgreiche Marketing- und Markenkommunikation* (S. 125–133). Erich Schmidt.

Neues Sharing-Modell: Borussia Dortmund bekommt zweiten Trikotsponsor. (20. Februar 2020). *SPIEGEL.* https://www.spiegel.de/sport/fussball/borussia-dortmund-1-and-1-neuer-hauptsponsor-neben-evonik-a-127994fa-06d1-4bc0-8f8d-849f57fd655c.

Nielsen. (2018a). *Sponsor-Trend 2018.* https://nielsensports.com/sponsor-trend-2018/.

Nielsen. (2018b). *Prognose zur Entwicklung des Sponsorings in Deutschland, Österreich und der Schweiz im Jahr 2020.* https://de.statista.com/statistik/daten/studie/449826/umfrage/einschaetzung-zur-entwicklung-des-sponsorings-in-2020-in-dach/.

Nielsen. (2021). *Sportsponsoren in Deutschland 2020/2021.* https://nielsensports.com/sportsponsoren-in-deutschland-2020-2021/.

Nielsen, SID & ISPO. (2020). *Einnahmen aus dem Trikotsponsoring in der 1. Fußball-Bundesliga von der Saison 2000/2001 bis zur Saison 2020/2021.* https://de.statista.com/statistik/daten/studie/239188/umfrage/1-fussball-bundesliga-einnahmen-aus-dem-trikotsponsoring/.

Nufer, G. (2012). *Event-Marketing und -Management. Grundlagen – Planung – Wirkungen – Weiterentwicklungen* (4. Aufl.). Gabler.

Nufer, G., & Bühler, A. (2008). Veranstaltungsmarketing im Sport. In G. Nufer & A. Bühler (Hrsg.), *Management und Marketing im Sport* (S. 385–415). Erich Schmidt.

Nufer, G., & Bühler, A. (2012). *Management im Sport. Betriebswirtschaftliche Grundlagen und Anwendungen der modernen Sportökonomie* (3. Aufl.). Erich Schmidt.

Nufer, G., & Bühler, A. (2013). *Marketing im Sport: Grundlagen und Trends des modernen Sportmarketings* (3. Aufl.). Erich Schmidt.

van Overloop, P. C., & Lemân, F. M. (2008). Mediensponsoring: Eine junge Sponsoringform im Aufwind. In A. Bagusat, C. Marwitz & M. Vogl (Hrsg.), *Handbuch Sponsoring. Erfolgreiche Marketing- und Markenkommunikation* (S. 147–166). Erich Schmidt.

Porter, M. E., & Kramer, M. R. (2003). Wohltätigkeit als Wettbewerbsvorteil. *Harvard Business. Manager, 3*, 40–56.

Püttmann, M. (1993). Das Management der Integrierten Marketing-Kommunikation. *Werbeforschung & Praxis, 1*, 13–19.

Quirling, C., Kainz, F., & Haupt, T. (2017). *Sportmanagement. Ein anwendungsorientiertes Lehrbuch mit Praxisbeispielen und Fallstudien*. Vahlen.

Rentz, I. (2021). *REWE verbündet sich mit Kölner Clan SK Gaming*. https://www.horizont.net/marketing/nachrichten/e-sports-hype-geht-weiter-rewe-verbuendet-sich-mit-koelner-clan-sk-gaming-196377.

Repucom. (2015). *Sponsor-Trend 2015. Status und Trends im Sponsoringmarkt in Deutschland, Österreich und der Schweiz*. https://issuu.com/repucom.net/docs/sportsponsoren_in_deutschland_2014.

RP-Online. (n. d.). *Die Top-Ten-Quoten im deutschen Fernsehen*. https://rp-online.de/panorama/fernsehen/top-10-einschaltquoten-in-deutschland_iid-16429533.

SAP. (2021). *SAP Global Sponsorships*. https://www.sap.com/germany/about/company/global-sponsorships/sports.html.

Schwaiger, M. (2008). Bedeutung und Wirkungen des Kunst- und Kultursponsoring. In A. Bagusat, C. Marwitz & M. Vogl (Hrsg.), *Handbuch Sponsoring. Erfolgreiche Marketing- und Markenkommunikation* (S. 113–124). Erich Schmidt.

Sport1. (n. d.). *Engelbert Strauss steigt in den eSports ein*. https://www.sport1.de/news/esports/league-of-legends/2021/12/prime-league-bekommt-neuen-sponsor.

Sportsponsoring wird immer beliebter. (09. März 2021). *Münstersche Zeitung*. https://www.muensterschezeitung.de/leben-und-erleben/ratgeber/specials/sportsponsoring-wird-immer-beliebter-1010733/

Stadionwelt. (2016). *Sportarten mit größtem Sponsoringpotenzial in Deutschland*. https://de.statista.com/statistik/daten/studie/591497/umfrage/sportarten-mit-groesstem-sponsoringpotenzial-in-deutschland/.

Theobald, T. (13. Dezember 2021). Das sind Deutschlands wertvollste Influencer. *Horizont*. https://www.horizont.net/marketing/nachrichten/ranking-das-sind-deutschlands-wertvollste-influencer-196519.

Ukman, L. (2004). *Return on Sponsorship*. International Events Group.

VSA. (2019). *VSA-Studie „Sportsponsoring: Volltreffer mit gezielter Wirkung"*. https://vsa-ev.de/wp-content/uploads/2019/08/Studie-VSA_Volltreffer-mit-gezielter-Wirkung_Kurzversion.pdf.

VSA. (2021). *Entwicklung des Sponsorings*. https://vsa-ev.de/entwicklung-des-sponsorings.

VuMa. (2022). *Bevölkerung in Deutschland nach Häufigkeit des Sporttreibens in der Freizeit von 2017 bis 2021*. https://de.statista.com/statistik/daten/studie/171911/umfrage/haeufigkeit-sport-treiben-in-der-freizeit/.

Walliser, B. (1995). *Sponsoring: Bedeutung, Wirkung und Kontrollmöglichkeiten*. Springer.

Literatur

Walzel, S., & Schubert, M. (2018). *Sportsponsoring: Grundlagen, Konzeption und Wirkungen*. Springer.

WARC. (2020a). *Globaler Sportsponsoring-Markt erreicht 2020 ein Volumen von 48 Milliarden Dollar.* https://www.markenartikel-magazin.de/_rubric/detail.php?rubric=markemarketing&nr=29073.

WARC. (2020b). *Volumen des weltweiten Sportsponsorings von 2011 bis 2020.* https://de.statista.com/statistik/daten/studie/1091852/umfrage/weltweites-sponsoringvolumen-im-sport/.

WuV. (2015). *Die fünf größten Sport-Sponsoren Deutschlands.* https://www.wuv.de/marketing/die_5_groessten_sport_sponsoren_deutschlands.

Zerfaß, A. (2007). *Kommunikationspolitik. Systematischer Einsatz der Kommunikation für Unternehmen* (4. Aufl.). Vahlen.

Stichwortverzeichnis

A
Above the Line 69
Advertising Clutter 71

B
Below the Line 69
Bildungs- bzw. Wissenschaftssponsoring 17

C
Corporate Giving 4
Corporate Social Responsibility 16
Co-Sponsor 62

D
Dialogmarketing 72
Direktmarketing 72

E
E-Sport 34
E-Sport-Sponsoring 34
Eventmarketing 72

F
Finanzierungsinstrument 67
Free-TV 18
Full-Sponsoring 61

H
Haupt-Sponsoring 62

I
Image 12
Imageprofilierung 53
Imagetransfer 12, 53
Influencer 73

K
Kommunikationsinstrument 68, 69
Kommunikationsmix 68
Kommunikationspolitik 68
Kommunikationsstrategie 68
Kunst- und Kultursponsoring 14

L
League of Legends 35

M
Magisches Dreieck 49
Marketing
   virales 72
Marketing- und Unternehmenskommunikation 51
Marketingkommunikation 68
Marketingmix 68, 70
Mäzenatentum 2
Merkmal des Sponsorings 10

N
nicht endemisch 35

O
Öffentlichkeitsarbeit 71
Online- und Social-Media-Marketing 73

P
Pay-TV 18
Point of Sale 71
Product Placement 72
Programm- bzw. Mediensponsoring 18
Public-Sponsoring 13, 16

R
Reaktanz 53
Recruiting-Gedanke 17
Reziprozität 5

S
Soziosponsoring 15
Spendenwesen 2
Sponsorenpyramide 62
Sponsoring 2
Sponsoringart 12, 13
Sponsoringstrategie 76
Sponsoringtyp 7
Sponsoringziel 52
   ökonomisches 54
   psychologisches (nicht ökonomisches) 52
Sponsorship 7
Sportmarketing 65
Sportsponsoring 19
Sportsponsoringgrundsatz 76

T
Testimonial 63

U
Umwelt- bzw. Ökosponsoring 16
Unternehmensförderung 2

V
Verkaufsförderung 71

W
Werbesurrogat 30
Werbung 71
Wirkung
   affektive 53
   kognitive 52
   konative 53
Wirkungspotenzial des Sponsorings 58

The manufacturer's authorised representative in the EU is Springer Nature Customer Service Centre GmbH, Europaplatz 3, 69115 Heidelberg, Germany. If you have any concerns regarding our products, please contact ProductSafety@springernature.com

Printed and bound by CPI Group (UK) Ltd, Croydon, CR0 4YY

23/03/2026

02076465-0003